単語・読解

単語・読解 | 本書の特長と使い方

「単語・読解」「文法」を相互に関連づけられる2冊構成

本シリーズは，十分な学習量によるくり返し学習を大切にしているので，「単語・読解」「文法」の2冊構成となっています。「単語・読解」を完全なものにするためにも2冊そろえての学習をおすすめします。

1 左ページで単語・熟語を書いて練習 … 1ページで15の単語・熟語を練習します。

2 右ページで読解練習 … 練習した単語・熟語をもとに，右ページで読解練習をします。

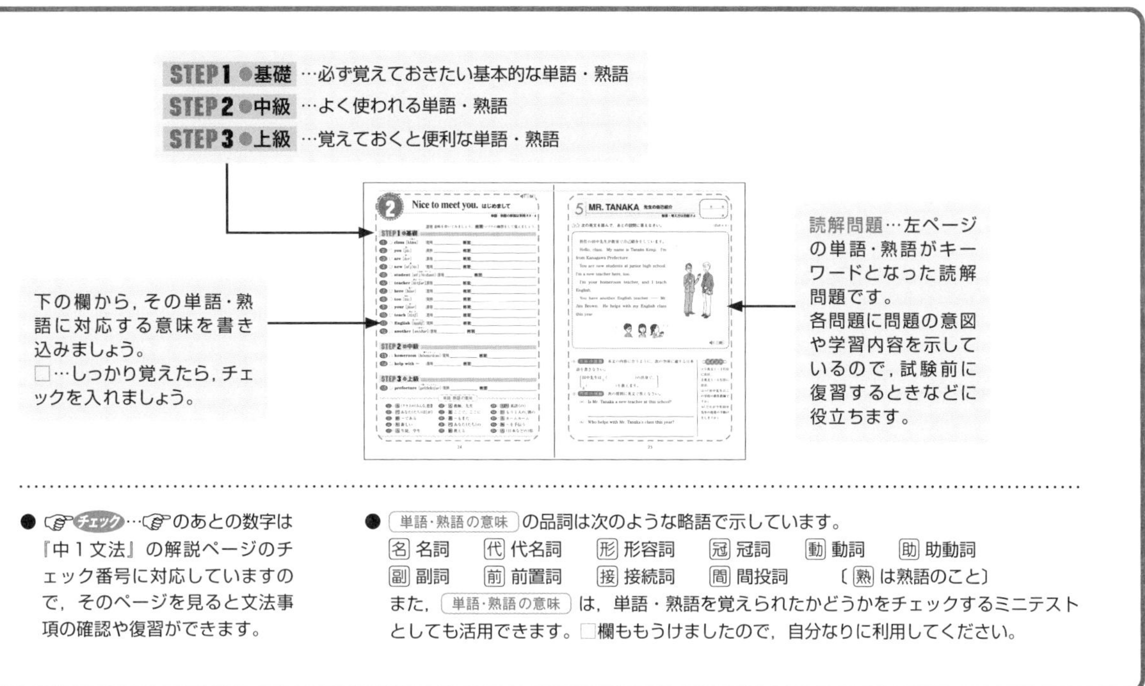
STEP1 ●基礎 …必ず覚えておきたい基本的な単語・熟語
STEP2 ●中級 …よく使われる単語・熟語
STEP3 ●上級 …覚えておくと便利な単語・熟語
下の欄から，その単語・熟語に対応する意味を書き込みましょう。
□…しっかり覚えたら，チェックを入れましょう。
読解問題…左ページの単語・熟語がキーワードとなった読解問題です。
各問題に問題の意図や学習内容を示しているので，試験前に復習するときなどに役立ちます。
Nice to meet you.
MR. TANAKA

● チェック…☞のあとの数字は『中1文法』の解説ページのチェック番号に対応していますので，そのページを見ると文法事項の確認や復習ができます。

● 単語・熟語の意味 の品詞は次のような略語で示しています。
名 名詞　代 代名詞　形 形容詞　冠 冠詞　動 動詞　助 助動詞
副 副詞　前 前置詞　接 接続詞　間 間投詞　〔熟 は熟語のこと〕
また，単語・熟語の意味 は，単語・熟語を覚えられたかどうかをチェックするミニテストとしても活用できます。□欄ももうけましたので，自分なりに利用してください。

まとめのテスト ・・・セクション全体をまとめて復習するテストです。

総合テスト ・・・1年分の確認テストです。1年間の成果を試しましょう。

STEP 1～3の単語・熟語と，□内の英文の音声を聞くことができます。

各ページを学習しながら，または学習した後に，音声を確認するようにしましょう。音声を聞くこと，さらに音読することで，学習効果が高まります。

音声の聞き方

1. 音声アプリ きくもん をダウンロード

・くもん出版アプリガイドページへ
→ 各ストアからダウンロード

シリアルコード 9784774331102

2. くもん出版のサイトから，音声ファイルをダウンロード

＼テスト前に，4択問題で最終チェック！／

テスト前 5科4択 4択問題アプリ「中学基礎100」

・くもん出版アプリガイドページへ
→ 各ストアからダウンロード

「中1英語 単語・読解」パスワード 4957823

＊「きくもん」，「中学基礎100」アプリは無料ですが，ネット接続の際の通話料金は別途発生いたします。

もくじ
中1英語　単語・読解編

English Words 英語で言ってみよう

4

意味 意味を書いてみましょう。 練習 つづりの練習をして覚えましょう。

STEP 1 ●基礎

1 □ **bread** [bréd]（ブレッド） 意味______ 練習______

2 □ **rice** [ráis]（ライス） 意味______ 練習______

3 □ **coffee** [kɔ́ːfi]（コーフィ） 意味______ 練習______

4 □ **tea** [tíː]（ティー） 意味______ 練習______

5 □ **milk** [mílk]（ミルク） 意味______ 練習______

STEP 2 ●中級

6 □ **egg** [ég]（エッグ） 意味______ 練習______

7 □ **potato** [pətéitou]（ポテイトウ） 意味______ 練習______

8 □ **ham** [hǽm]（ハム） 意味______ 練習______

9 □ **jam** [dʒǽm]（ヂャム） 意味______ 練習______

10 □ **juice** [dʒúːs]（ヂュース） 意味______ 練習______

STEP 3 ●上級

11 □ **salad** [sǽləd]（サラッド） 意味______ 練習______

12 □ **pizza** [píːtsə]（ピーツァ） 意味______ 練習______

13 □ **butter** [bʌ́tər]（バタァ） 意味______ 練習______

14 □ **cheese** [tʃíːz]（チーズ） 意味______ 練習______

15 □ **beer** [bíər]（ビア） 意味______ 練習______

単語・熟語の意味

1 □ 名 パン
2 □ 名 米，ごはん
3 □ 名 コーヒー
4 □ 名 茶，紅茶
5 □ 名 牛乳，ミルク
6 □ 名 卵
7 □ 名 ジャガイモ
8 □ 名 ハム
9 □ 名 ジャム
10 □ 名 ジュース
11 □ 名 サラダ
12 □ 名 ピザ
13 □ 名 バター
14 □ 名 チーズ
15 □ 名 ビール

1. FOODS AND DRINKS 食べ物と飲み物

◆◆下のほうの文字をなぞって書いてみましょう。

6

English Words 英語で言ってみよう

意味 意味を書いてみましょう。 練習 つづりの練習をして覚えましょう。

STEP 1 ●基礎

1 □ car [kɑ́ːr]（カー） 意味＿＿＿＿ 練習＿＿＿＿

2 □ bus [bʌ́s]（バス） 意味＿＿＿＿ 練習＿＿＿＿

3 □ train [tréin]（トゥレイン） 意味＿＿＿＿ 練習＿＿＿＿

4 □ plane [pléin]（プレイン） 意味＿＿＿＿ 練習＿＿＿＿

5 □ ship [ʃíp]（シップ） 意味＿＿＿＿ 練習＿＿＿＿

STEP 2 ●中級

6 □ taxi [tǽksi]（タクスィ） 意味＿＿＿＿ 練習＿＿＿＿

7 □ subway [sʌ́bwèi]（サブウェイ） 意味＿＿＿＿ 練習＿＿＿＿

8 □ bike [báik]（バイク） 意味＿＿＿＿ 練習＿＿＿＿

9 □ truck [trʌ́k]（トゥラック） 意味＿＿＿＿ 練習＿＿＿＿

10 □ ambulance [ǽmbjələns]（アンビュランス） 意味＿＿＿＿ 練習＿＿＿＿

STEP 3 ●上級

11 □ yacht [jɑ́t]（ヤット） 意味＿＿＿＿ 練習＿＿＿＿

12 □ motorcycle [móutərsàikl]（モウタサイクル） 意味＿＿＿＿ 練習＿＿＿＿

13 □ helicopter [hélikɑ̀ptər]（ヘリカプタァ） 意味＿＿＿＿ 練習＿＿＿＿

14 □ airship [éərʃìp]（エアシップ） 意味＿＿＿＿ 練習＿＿＿＿

15 □ sidecar [sáidkɑ̀ːr]（サイドカー） 意味＿＿＿＿ 練習＿＿＿＿

単語・熟語の意味

1 □ 名 自動車
2 □ 名 バス
3 □ 名 列車，電車
4 □ 名 飛行機
5 □ 名 船
6 □ 名 タクシー
7 □ 名 地下鉄
8 □ 名 自転車
9 □ 名 トラック
10 □ 名 救急車
11 □ 名 ヨット
12 □ 名 オートバイ
13 □ 名 ヘリコプター
14 □ 名 飛行船
15 □ 名 サイドカー

2. VEHICLES　乗り物

◆◆下のほうの文字をなぞって書いてみましょう。

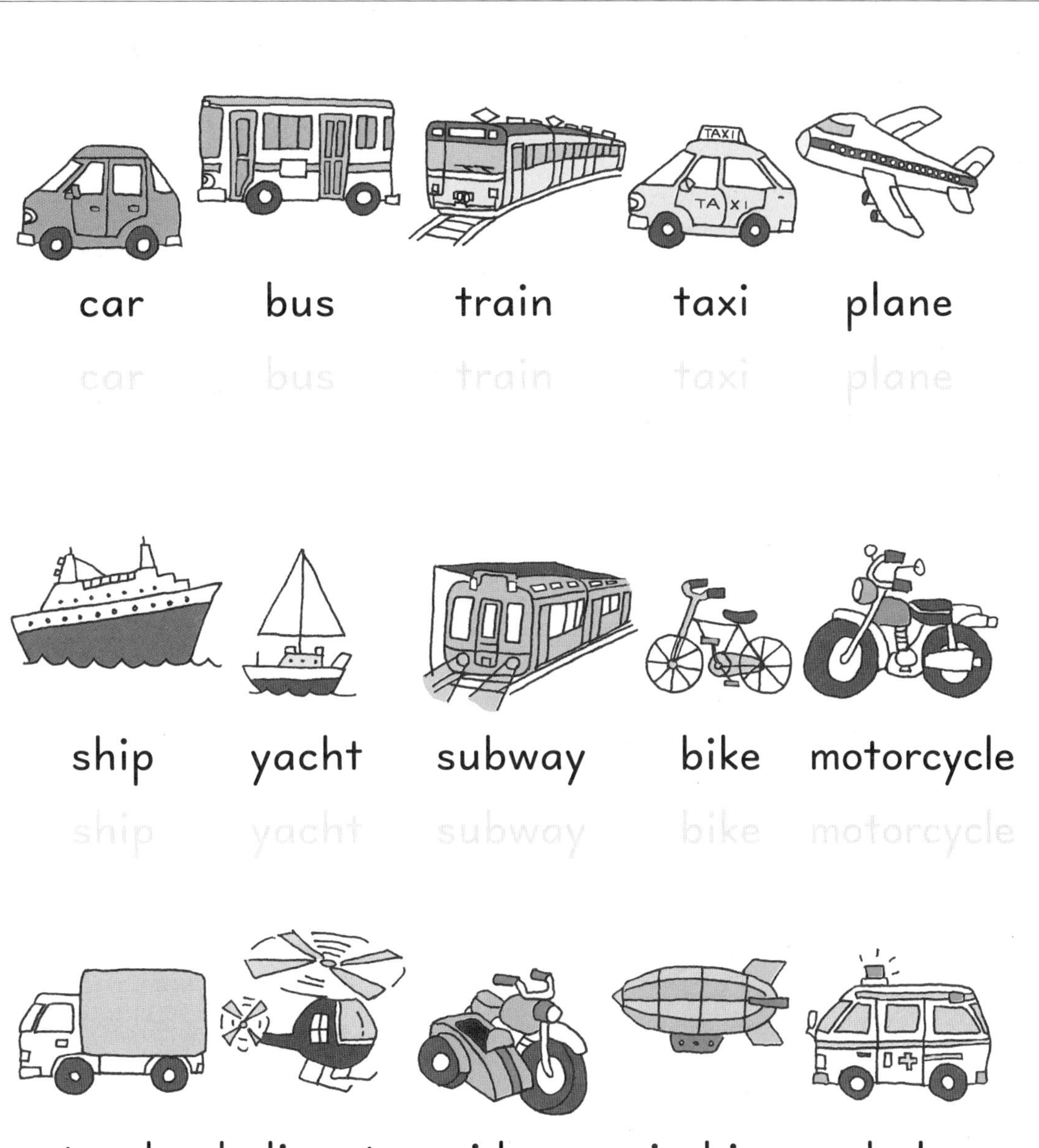

English Words 英語で言ってみよう

意味 意味を書いてみましょう。 練習 つづりの練習をして覚えましょう。

STEP 1 ●基礎

1 □ cat [kǽt] キャット 意味＿＿＿＿ 練習＿＿＿＿

2 □ dog [dɔ́ːg] ドーグ 意味＿＿＿＿ 練習＿＿＿＿

3 □ horse [hɔ́ːrs] ホース 意味＿＿＿＿ 練習＿＿＿＿

4 □ mouse [máus] マウス 意味＿＿＿＿ 練習＿＿＿＿

5 □ cow [káu] カウ 意味＿＿＿＿ 練習＿＿＿＿

6 □ lion [láiən] ライオン 意味＿＿＿＿ 練習＿＿＿＿

7 □ apple [ǽpl] アプル 意味＿＿＿＿ 練習＿＿＿＿

STEP 2 ●中級

8 □ rabbit [rǽbit] ラビット 意味＿＿＿＿ 練習＿＿＿＿

9 □ sheep [ʃíːp] シープ 意味＿＿＿＿ 練習＿＿＿＿

10 □ orange [ɔ́ːrindʒ] オーレンヂ 意味＿＿＿＿ 練習＿＿＿＿

STEP 3 ●上級

11 □ fox [fɑ́ks] ファックス 意味＿＿＿＿ 練習＿＿＿＿

12 □ tiger [táigər] タイガァ 意味＿＿＿＿ 練習＿＿＿＿

13 □ rose [róuz] ロウズ 意味＿＿＿＿ 練習＿＿＿＿

14 □ lily [líli] リリィ 意味＿＿＿＿ 練習＿＿＿＿

15 □ grapes [gréips] グレイプス 意味＿＿＿＿ 練習＿＿＿＿

単語・熟語の意味

1 □ 名 ネコ
2 □ 名 犬
3 □ 名 馬
4 □ 名 ハツカネズミ
5 □ 名 (めすの)牛
6 □ 名 ライオン
7 □ 名 リンゴ
8 □ 名 ウサギ
9 □ 名 ヒツジ
10 □ 名 オレンジ
11 □ 名 キツネ
12 □ 名 トラ
13 □ 名 バラ
14 □ 名 ユリ
15 □ 名 ブドウ

3. ANIMALS AND PLANTS　動物と植物

◆◆下のほうの文字をなぞって書いてみましょう。

10

English Words 英語で言ってみよう

意味 意味を書いてみましょう。練習 つづりの練習をして覚えましょう。

STEP 1 ●基礎

1 □ **teacher** [tíːtʃər]（ティーチャァ） 意味＿＿＿＿ 練習＿＿＿＿

2 □ **student** [st(j)úːdənt]（ストゥーデント） 意味＿＿＿＿ 練習＿＿＿＿

3 □ **piano** [piǽnou]（ピアノウ） 意味＿＿＿＿ 練習＿＿＿＿

4 □ **desk** [désk]（デスク） 意味＿＿＿＿ 練習＿＿＿＿

5 □ **chair** [tʃéər]（チェア） 意味＿＿＿＿ 練習＿＿＿＿

6 □ **notebook** [nóutbùk]（ノウトブック） 意味＿＿＿＿ 練習＿＿＿＿

7 □ **pen** [pén]（ペン） 意味＿＿＿＿ 練習＿＿＿＿

8 □ **pencil** [pénsl]（ペンスル） 意味＿＿＿＿ 練習＿＿＿＿

9 □ **computer** [kəmpjúːtər]（コンピュータァ） 意味＿＿＿＿ 練習＿＿＿＿

STEP 2 ●中級

10 □ **ruler** [rúːlər]（ルーラァ） 意味＿＿＿＿ 練習＿＿＿＿

11 □ **ink** [íŋk]（インク） 意味＿＿＿＿ 練習＿＿＿＿

STEP 3 ●上級

12 □ **blackboard** [blǽkbɔ̀ːrd]（ブラックボード） 意味＿＿＿＿ 練習＿＿＿＿

13 □ **textbook** [tékstbùk]（テクストブック） 意味＿＿＿＿ 練習＿＿＿＿

14 □ **ballpoint pen** [bɔ́ːlpɔ̀int pén]（ボールポイント ペン） 意味＿＿＿＿ 練習＿＿＿＿

15 □ **eraser** [iréisər]（イレイサァ） 意味＿＿＿＿ 練習＿＿＿＿

単語・熟語の意味

1 □ 名 先生，教師
2 □ 名 学生，生徒
3 □ 名 ピアノ
4 □ 名 机
5 □ 名 いす
6 □ 名 ノート
7 □ 名 ペン
8 □ 名 えんぴつ
9 □ 名 コンピュータ
10 □ 名 定規（じょうぎ）
11 □ 名 インク
12 □ 名 黒板
13 □ 名 教科書，テキスト
14 □ 名 ボールペン
15 □ 名 消しゴム，黒板ふき

4. IN THE CLASSROOM　教室で

◆◆下のほうの文字をなぞって書いてみましょう。

blackboard
blackboard

eraser
eraser

piano
piano

teacher
teacher

textbook
textbook

pen
pen

ink
ink

eraser
eraser

ballpoint pen
ballpoint pen

computer
computer

notebook
notebook

student
student

chair
chair

ruler
ruler

pencil
pencil

desk
desk

12

English Words 英語で言ってみよう

意味 意味を書いてみましょう。 練習 つづりの練習をして覚えましょう。

STEP1 ●基礎

1 □ **table** [téibl] テイブル 意味＿＿＿＿ 練習＿＿＿＿

2 □ **cup** [kʌ́p] カップ 意味＿＿＿＿ 練習＿＿＿＿

3 □ **glass** [glǽs] グラス 意味＿＿＿＿ 練習＿＿＿＿

4 □ **wall** [wɔ́:l] ウォール 意味＿＿＿＿ 練習＿＿＿＿

5 □ **picture** [píktʃər] ピクチャァ 意味＿＿＿＿ 練習＿＿＿＿

6 □ **window** [wíndou] ウィンドウ 意味＿＿＿＿ 練習＿＿＿＿

7 □ **door** [dɔ́:r] ドーァ 意味＿＿＿＿ 練習＿＿＿＿

STEP2 ●中級

8 □ **clock** [klάk] クラック 意味＿＿＿＿ 練習＿＿＿＿

9 □ **television** [télivìʒən] テレヴィジョン 意味＿＿＿＿ 練習＿＿＿＿

10 □ **vase** [véis] ヴェイス 意味＿＿＿＿ 練習＿＿＿＿

11 □ **radio** [réidiou] レイディオウ 意味＿＿＿＿ 練習＿＿＿＿

STEP3 ●上級

12 □ **sofa** [sóufə] ソウファ 意味＿＿＿＿ 練習＿＿＿＿

13 □ **carpet** [kά:rpit] カーペット 意味＿＿＿＿ 練習＿＿＿＿

14 □ **fridge** [frídʒ] フリッヂ 意味＿＿＿＿ 練習＿＿＿＿

15 □ **fireplace** [fáiərplèis] ファイアプレイス 意味＿＿＿＿ 練習＿＿＿＿

単語・熟語の意味

1 □ 名 テーブル
2 □ 名 カップ，茶わん
3 □ 名 グラス，コップ
4 □ 名 かべ
5 □ 名 絵，写真
6 □ 名 窓
7 □ 名 戸，ドア
8 □ 名 置き時計，掛け時計
9 □ 名 テレビ(TVとも言う)
10 □ 名 花びん
11 □ 名 ラジオ
12 □ 名 ソファー，長いす
13 □ 名 じゅうたん
14 □ 名 冷蔵庫
15 □ 名 暖炉(だんろ)

5. AT YOUR HOME 家庭で

◆◆下のほうの文字をなぞって書いてみましょう。

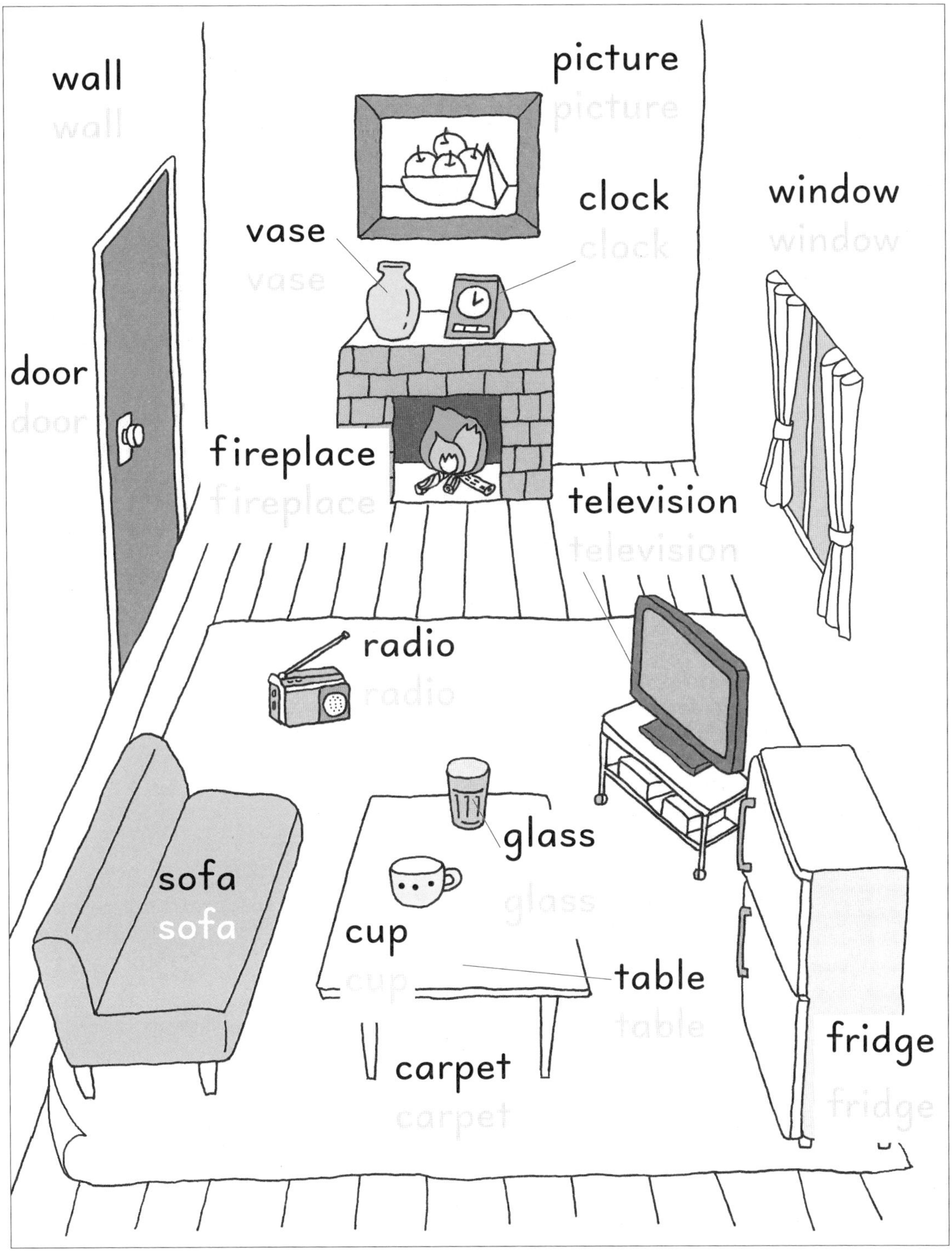

wall
wall

picture
picture

clock
clock

window
window

vase
vase

door
door

fireplace
fireplace

television
television

radio
radio

glass
glass

sofa
sofa

cup
cup

table
table

fridge
fridge

carpet
carpet

セクション 1 まとめのテスト

英語で言ってみよう

月　日

点

解答は別冊 P.2

1 それぞれの絵の下の文字をなぞって書き，その英語の意味を下から選んで(　)に書き入れなさい。 (4点×12)

(1)

apple

apple

(　　　)

(2)

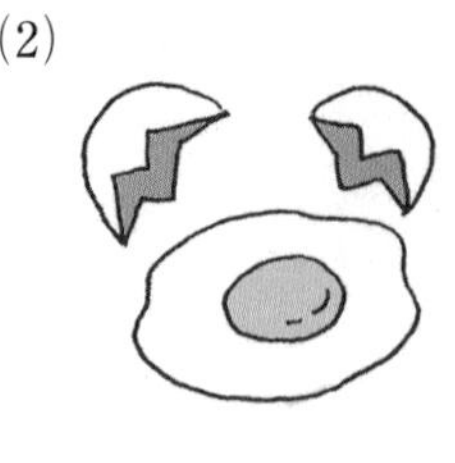

egg

egg

(　　　)

(3)

plane

plane

(　　　)

(4)

dog

dog

(　　　)

(5)

piano

piano

(　　　)

(6)

table

table

(　　　)

(7)

television

television

(　　　)

(8)

lion

lion

(　　　)

(9)

clock

clock

(　　　)

(10)

chair

chair

(　　　)

(11)

cat

cat

(　　　)

(12)

ship

ship

(　　　)

［ テーブル　ネコ　船　テレビ　リンゴ　飛行機
いす　置き時計　卵　犬　ライオン　ピアノ ］

2 次の各組の英語の中に，1つだけ他と種類の異なるものがあります。その英語を選び，下線部に書きなさい。（4点×4）

(1) (cat, dog, tea, cow, horse)

＿＿＿＿＿＿＿＿

(2) (orange, apple, grapes, rose, car)

＿＿＿＿＿＿＿＿

(3) (bike, ham, ship, plane, bus)

＿＿＿＿＿＿＿＿

(4) (coffee, juice, milk, beer, truck)

＿＿＿＿＿＿＿＿

3 それぞれの絵が表している英語を下から1つずつ選び，□に書き入れなさい。（6点×6）

(1)

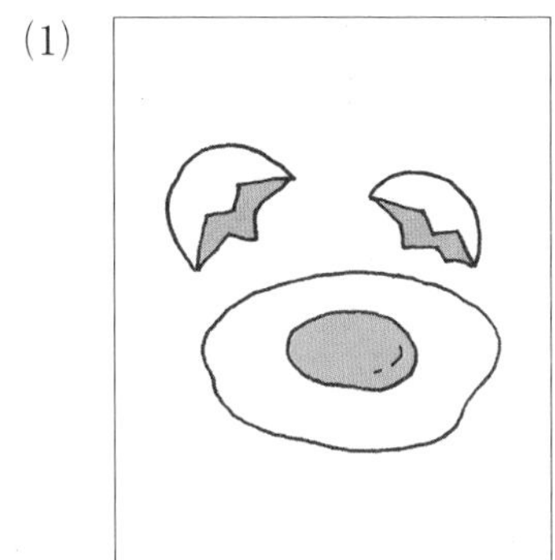

(2)

(3)

(4)

(5)

(6)

[dog apple egg cat bus piano]

Nice to meet you. はじめまして

単語・熟語の解説は別冊 P.2

意味 意味を書いてみましょう。 練習 つづりの練習をして覚えましょう。

STEP 1 ● 基礎

1 □ good [gúd] (グッド) 意味＿＿＿ 練習＿＿＿

2 □ morning [mɔ́ːrniŋ] (モーニング) 意味＿＿＿ 練習＿＿＿

3 □ good morning 意味＿＿＿ 練習＿＿＿

4 □ mother [mʌ́ðər] (マザァ) 意味＿＿＿ 練習＿＿＿

5 □ it [ít] (イット) 意味＿＿＿ 練習＿＿＿

6 □ is [íz] (イズ) 意味＿＿＿ 練習＿＿＿

7 □ goodbye [gùdbái] (グッドバイ) 意味＿＿＿ 練習＿＿＿

8 □ take [téik] (テイク) 意味＿＿＿ 練習＿＿＿

9 □ yes [jés] (イエス) 意味＿＿＿ 練習＿＿＿

STEP 2 ● 中級

10 □ hurry up 意味＿＿＿ 練習＿＿＿

11 □ O.K. [òukéi] (オウケイ) 意味＿＿＿ 練習＿＿＿

12 □ care [kéər] (ケア) 意味＿＿＿ 練習＿＿＿

STEP 3 ● 上級

13 □ 7:30 [seven thirty] 意味＿＿＿ 練習＿＿＿

14 □ take care 意味＿＿＿ 練習＿＿＿

15 □ mom [mám] (マム) 意味＿＿＿ 練習＿＿＿

単語·熟語の意味

1 □ 形 よい
2 □ 名 朝，午前
3 □ 熟 おはよう
4 □ 名 母，お母さん
5 □ 代 (時刻を表すのに使う)
6 □ 動 ～である
7 □ 間 さようなら
8 □ 動 取る
9 □ 副 はい
10 □ 熟 急ぐ
11 □ 副 はい，よろしい
12 □ 名 注意，心配
13 □ 熟 7時30分
14 □ 熟 気をつける
15 □ 名 ママ，お母さん

1 GREETINGS あいさつしよう

解答・考え方は別冊 P.2

月　日

点

☆☆次の英文を読んで，あとの設問に答えなさい。 (20点×5)

トムはベッドから起きてきました。

Tom : ❶Good morning, Mom.

Mother : Good morning, Tom.

It's ❷7:30. Hurry up.

Tom : O.K.

トムは朝食を終えて学校へ出かけるところです。

Tom : ❸Goodbye, Mother.

Mother : Goodbye, Tom.

❹Take care.

Tom : Yes, ❺Mom.

［注］ it's : it is の短縮形

17

(1) あいさつ 下線部❶を日本文になおしなさい。

(　　　　　　　　　　　　　　　　)

(2) 時刻の言い方 下線部❷を読む通りに英語で書きなさい。

____

(3) あいさつ 下線部❸は，上の状況では次のどの日本語にあたるか，記号を○でかこみなさい。

ア ただいま。　　　イ 行ってまいります。

(4) 命令文の形 下線部❹を日本文になおしなさい。

(　　　　　　　　　　　　　　　　)

(5) 単語の知識 下線部❺と同じ意味の語を文中から書き出しなさい。

____

ポイント

(1) morning は「朝」の意味。

(2) 7 と 30 をそのまま並べる。

チェック23

(3) もともとは「さようなら」の意味。

(4) 命令文なので「〜しなさい」となる。

チェック22

(5)「お母さん」の意味の語。

左ページを見よ

18

Nice to meet you. はじめまして

単語・熟語の解説は別冊 P.2

意味 意味を書いてみましょう。 練習 つづりの練習をして覚えましょう。

STEP1 ●基礎

1 □ **everyone** [évriwʌ̀n] (エヴリワン) 意味＿＿＿＿ 練習＿＿＿＿

2 □ **my** [mái] (マイ) 意味＿＿＿＿ 練習＿＿＿＿

3 □ **name** [néim] (ネイム) 意味＿＿＿＿ 練習＿＿＿＿

4 □ **I** [ái] (アイ) 意味＿＿＿＿ 練習＿＿＿＿

5 □ **am** [ǽm] (アム) 意味＿＿＿＿ 練習＿＿＿＿

6 □ **twelve** [twélv] (トゥウェルヴ) 意味＿＿＿＿ 練習＿＿＿＿

7 □ **~ years old** 意味＿＿＿＿ 練習＿＿＿＿

8 □ **live** [lív] (リヴ) 意味＿＿＿＿ 練習＿＿＿＿

9 □ **with** [wíð] (ウィズ) 意味＿＿＿＿ 練習＿＿＿＿

10 □ **family** [fǽməli] (ファミリィ) 意味＿＿＿＿ 練習＿＿＿＿

11 □ **sister** [sístə*r*] (スィスタァ) 意味＿＿＿＿ 練習＿＿＿＿

STEP2 ●中級

12 □ **hello** [həlóu] (ヘロウ) 意味＿＿＿＿ 練習＿＿＿＿

13 □ **be from ~** 意味＿＿＿＿ 練習＿＿＿＿

14 □ **America** [əmérikə] (アメリカ) 意味＿＿＿＿ 練習＿＿＿＿

STEP3 ●上級

15 □ **parent** [péərənt] (ペアレント) 意味＿＿＿＿ 練習＿＿＿＿

単語・熟語の意味

1 □ 代 みんな
2 □ 代 私の
3 □ 名 名前
4 □ 代 私は，私が
5 □ 動 (私は)～である
6 □ 名形 12(の)
7 □ 熟 ～歳
8 □ 動 住んでいる
9 □ 前 ～といっしょに
10 □ 名 家族
11 □ 名 姉，妹，姉妹
12 □ 間 こんにちは，やあ
13 □ 熟 ～の出身である
14 □ 名 アメリカ(合衆国)
15 □ 名 親

2 SELF-INTRODUCTION 自己紹介

月　日
点

解答・考え方は別冊 P.2・3

☆☆次の英文を読んで，あとの設問に答えなさい。（20点×5）

お父さんの仕事の都合(つごう)で家族と日本にいるトムは，今日が日本の学校での最初の日です。まわりはみな日本の生徒たち。トムが教室で自己紹介をしています。

Hello, everyone. ❶My name is Tom White.
I [❷] from America. I [❷] twelve years old.

I live with my family —— my parents and my ❸sister Jane.

(1) 名前の言い方　下線部❶を日本文になおしなさい。

(　　　　　　　　　　　　　　　　　　　　)

(2) 正しいbe動詞　[❷] の2つの空所には同じ語が入ります。その語を書きなさい。

＿＿＿＿＿＿＿＿

(3) 単語の知識　下線部❸の語と対(つい)の意味を表す語を書きなさい。

＿＿＿＿＿＿＿＿

(4) 内容の理解　本文の内容と合うものを2つ選び，○をつけなさい。

ア〔　　〕トムは13歳である。

イ〔　　〕トムはアメリカの出身である。

ウ〔　　〕トムは現在家族といっしょに住んでいる。

エ〔　　〕トムに女性のきょうだいはいない。

オ〔　　〕トムの父親だけが現在日本にいる。

ポイント

(1)Tom Whiteは「トム・ホワイト」。ホワイトが姓になる。myの意味に注意。
☞チェック20

(2)Iに合うbe動詞は何か。
☞チェック7

(3)「対」というのは「父」に対して「母」のような語のこと。ここでは「兄」か「弟」の意味を表す語になる。

(4)数字が問題になっている場合は数字を確認してみよう。

Nice to meet you. はじめまして

単語・熟語の解説は別冊 P.3

意味 意味を書いてみましょう。 練習 つづりの練習をして覚えましょう。

STEP 1 ●基礎

1 □ have [hǽv] (ハヴ) 意味 ______ 練習 ______

2 □ her [hə́ːr] (ハー) 意味 ______ 練習 ______

3 □ she [ʃíː] (シー) 意味 ______ 練習 ______

4 □ go [góu] (ゴウ) 意味 ______ 練習 ______

5 □ father [fɑ́ːðər] (ファーザァ) 意味 ______ 練習 ______

6 □ work [wə́ːrk] (ワーク) 意味 ______ 練習 ______

7 □ in [ín] (イン) 意味 ______ 練習 ______

8 □ busy [bízi] (ビズィ) 意味 ______ 練習 ______

9 □ learn [lə́ːrn] (ラーン) 意味 ______ 練習 ______

10 □ house [háus] (ハウス) 意味 ______ 練習 ______

STEP 2 ●中級

11 □ elementary school 意味 ______ 練習 ______

12 □ American [əmérikən] (アメリカン) 意味 ______ 練習 ______

13 □ every day 意味 ______ 練習 ______

STEP 3 ●上級

14 □ company [kʌ́mpəni] (カンパニィ) 意味 ______ 練習 ______

15 □ job [dʒɑ́b] (チャブ) 意味 ______ 練習 ______

単語・熟語の意味

1 □ 動 持っている，ある
2 □ 代 彼女の
3 □ 代 彼女は，彼女が
4 □ 動 行く
5 □ 名 父，お父さん
6 □ 動 働く
7 □ 前 ～の中に，～で
8 □ 形 忙しい
9 □ 動 習う，覚える
10 □ 名 家
11 □ 熟 小学校
12 □ 形 アメリカ(人)の
13 □ 熟 毎日
14 □ 名 会社
15 □ 名 仕事

3 MY FAMILY 家族の紹介

月　日

点

解答・考え方は別冊 P.3

☆☆次の英文を読んで，あとの設問に答えなさい。(20点×5)

昼休み時間に，トムは自分の家族について話しています。

I have one sister. Her name is Jane. She is ten years old. She ❶(go) to Honcho elementary school.

My father works in Tokyo. He works for [❷] American company in Tokyo. He is very busy every day.

My mother ❸(have) no job. She learns *ikebana* at Mrs. Sato's house on Sundays.

21

(1) 動詞の形 ❶・❸の(　)内の語を正しい形にかえなさい。

❶ ______________

❸ ______________

(2) 適切な冠詞 [❷] にあてはまるものを次から1つ選び，記号を○でかこみなさい。

ア a　　イ an　　ウ to

(3) 内容の理解 本文の内容と合うものを2つ選び，○をつけなさい。

ア〔　〕Jane is Tom's sister.

イ〔　〕Jane is a junior high school student.

ウ〔　〕Jane is 11 years old.

エ〔　〕Tom's mother works in Tokyo.

オ〔　〕Tom's father is very busy every day.

カ〔　〕Tom's mother learns *ikebana* every day.

ポイント

(1)どちらも主語が3人称・単数である。go, have とも単にsをつけるだけではないことに注意。

チェック17

(2)次の語が母音であることに注意。

チェック14

(3)本文のどの部分にあたるかをまず考えよう。

イジェーンは中学生か？

ウジェーンの年齢は？

カジェーンの母親の生け花は毎日？

Nice to meet you. はじめまして

単語・熟語の解説は別冊 P.3

意味 意味を書いてみましょう。練習 つづりの練習をして覚えましょう。

STEP 1 ●基礎

1 □ now [náu]（ナウ） 意味＿＿ 練習＿＿
2 □ near [níər]（ニア） 意味＿＿ 練習＿＿
3 □ there [ðéər]（ゼア） 意味＿＿ 練習＿＿
4 □ large [lɑ́ːrdʒ]（ラーヂ） 意味＿＿ 練習＿＿
5 □ city [síti]（スィティ） 意味＿＿ 練習＿＿
6 □ small [smɔ́ːl]（スモール） 意味＿＿ 練習＿＿
7 □ town [táun]（タウン） 意味＿＿ 練習＿＿
8 □ beautiful [bjúːtəfəl]（ビューティフル） 意味＿＿ 練習＿＿
9 □ can [kǽn]（キャン） 意味＿＿ 練習＿＿
10 □ see [síː]（スィー） 意味＿＿ 練習＿＿
11 □ lake [léik]（レイク） 意味＿＿ 練習＿＿
12 □ from [frʌ́m]（フラム） 意味＿＿ 練習＿＿

STEP 2 ●中級

13 □ grandpa [grǽnpɑ̀ː]（グランパー） 意味＿＿ 練習＿＿
14 □ grandma [grǽnmɑ̀ː]（グランマー） 意味＿＿ 練習＿＿

STEP 3 ●上級

15 □ hometown [hóumtáun]（ホウムタウン） 意味＿＿ 練習＿＿

単語・熟語の意味

1 □ 副 今
2 □ 前 〜の近くに
3 □ 副 そこに，そこで
4 □ 形 大きい，広い
5 □ 名 都市，都会，市
6 □ 形 小さい，狭い
7 □ 名 町
8 □ 形 美しい，きれいな
9 □ 助 〜することができる
10 □ 動 見える
11 □ 名 湖
12 □ 前 〜から
13 □ 名 おじいちゃん
14 □ 名 おばあちゃん
15 □ 名 故郷（こきょう），ふるさと

4 MY HOMETOWN ふるさとの紹介

月　日

点

解答・考え方は別冊 P.3

☆☆ 次の英文を読んで，あとの設問に答えなさい。　(20点×5)

トムは放課後に自分のふるさとについて話しています。

I live in Tokyo now, but my hometown is Lake Forest near Chicago, Illinois. My grandpa and grandma live ❶there.

Chicago is a very large city, but Lake Forest is a small town.

Lake Forest is a very beautiful town. ❷We can see Lake Michigan from my house in my hometown.

［注］ Lake Forest は地名

23

(1) 場所を表す語　下線部❶の there は次のどれを指しているか，記号を○でかこみなさい。

ア Lake Forest　　イ Chicago　　ウ Illinois

(2) 前置詞などの文　下線部❷を日本文になおしなさい。

(　　　　　　　　　　　　　　　　　　　　)

(3) 内容の理解　各質問に，トムの立場になって3語以上の英文で答えなさい。

(a) Do you live in Lake Forest now?

____

(b) Do you live with your grandpa and grandma?

____

(c) Is your hometown a small town?

____

ポイント

(1)「イリノイ州にあるシカゴの近くのレーク・フォレスト」と考える。

(2) can の意味は？

左ページを見よ

(3)(a)「今レーク・フォレストに住んでいますか」

(b)「おじいさん，おばあさんといっしょに住んでいますか」

(c)「あなたのふるさとは小さな町ですか」

24

Nice to meet you. はじめまして

単語・熟語の解説は別冊 P.3・4

意味 意味を書いてみましょう。練習 つづりの練習をして覚えましょう。

STEP1 ●基礎

1 □ class [klǽs]（クラス） 意味＿＿＿ 練習＿＿＿

2 □ you [júː]（ユー） 意味＿＿＿ 練習＿＿＿

3 □ are [ɑ́ːr]（アー） 意味＿＿＿ 練習＿＿＿

4 □ new [n(j)úː]（ヌー） 意味＿＿＿ 練習＿＿＿

5 □ student [st(j)úːdənt]（ストゥーデント） 意味＿＿＿ 練習＿＿＿

6 □ teacher [tíːtʃər]（ティーチャァ） 意味＿＿＿ 練習＿＿＿

7 □ here [híər]（ヒア） 意味＿＿＿ 練習＿＿＿

8 □ too [túː]（トゥー） 意味＿＿＿ 練習＿＿＿

9 □ your [júər]（ユア） 意味＿＿＿ 練習＿＿＿

10 □ teach [tíːtʃ]（ティーチ） 意味＿＿＿ 練習＿＿＿

11 □ English [íŋgliʃ]（イングリッシュ） 意味＿＿＿ 練習＿＿＿

12 □ another [ənʌ́ðər]（アナザァ） 意味＿＿＿ 練習＿＿＿

STEP2 ●中級

13 □ homeroom [hóumrùːm]（ホウムルーム） 意味＿＿＿ 練習＿＿＿

14 □ help with ～ 意味＿＿＿ 練習＿＿＿

STEP3 ●上級

15 □ prefecture [príːfektʃər]（プリーフェクチャァ） 意味＿＿＿ 練習＿＿＿

単語・熟語の意味

1 □ 名 (クラスの)みんな, 授業
2 □ 代 あなた(たち)は〔が〕
3 □ 動 ～である
4 □ 形 新しい
5 □ 名 生徒, 学生
6 □ 名 教師, 先生
7 □ 副 ここで, ここに
8 □ 副 ～もまた
9 □ 代 あなた(たち)の
10 □ 動 教える
11 □ 名 形 英語(の)
12 □ 形 もう1人の, 別の
13 □ 名 ホームルーム
14 □ 熟 ～を手伝う
15 □ 名 (日本などの)県

5 MR. TANAKA 先生の自己紹介

解答・考え方は別冊 P.4

月　日

点

☆☆次の英文を読んで，あとの設問に答えなさい。　(25点×4)

担任の田中先生が教室で自己紹介をしています。

Hello, class. My name is Tanaka Kenji. I'm from Kanagawa Prefecture.

You are new students at junior high school. I'm a new teacher here, too.

I'm your homeroom teacher, and I teach English.

You have another English teacher —— Mr. Jim Brown. He helps with my English class this year.

(1) 内容の理解　本文の内容に合うように，次の空所に適する日本語を書きなさい。

［田中先生は①(　　　　　　　)の出身で，
②(　　　　　　　)を教えます。］

(2) 内容の理解　次の質問に英文で答えなさい。

(a) Is Mr. Tanaka a new teacher at this school?

____

(b) Who helps with Mr. Tanaka's class this year?

____

ポイント

(1)①英文1～2行目に注目。
②英文5～6行目に注目。
(2)(a)「田中先生はこの学校の新任教師ですか」
(b)「だれが今年田中先生の授業の手助けをしますか」

まとめて覚えよう 1

26

数字の数え方

★英語の数字は 1, 2, 3…のように算用数字を用いてもよいが, **one, two, three...** のように英語のつづりを使うことも多い。数字の読み方とともに, つづりも覚えていこう。

1	2	3	4	5	6	7	8	9	10
one	two	three	four	five	six	seven	eight	nine	ten
ワン	トゥー	スリー	フォーァ	ファイヴ	スィックス	セヴン	エイト	ナイン	テン
[wʌ́n]	[túː]	[θríː]	[fɔ́ːr]	[fáiv]	[síks]	[sévn]	[éit]	[náin]	[tén]

11	12	13	14	15	16	17
eleven	twelve	thirteen	fourteen	fifteen	sixteen	seventeen
イレヴン	トゥウェルヴ	サーティーン	フォーティーン	フィフティーン	スィクスティーン	セヴンティーン
[ilévn]	[twélv]	[θə̀ːrtíːn]	[fɔ̀ːrtíːn]	[fìftíːn]	[sìkstíːn]	[sèvntíːn]

18	19	20	30	40	50	60
eighteen	nineteen	twenty	thirty	forty	fifty	sixty
エイティーン	ナインティーン	トゥウェンティ	サーティ	フォーティ	フィフティ	スィクスティ
[èitíːn]	[nàintíːn]	[twénti]	[θə́ːrti]	[fɔ́ːrti]	[fífti]	[síksti]

70	80	90	100	1000
seventy	eighty	ninety	hundred	thousand
セヴンティ	エイティ	ナインティ	ハンドゥレッド	サウザンド
[sévnti]	[éiti]	[náinti]	[hʌ́ndrəd]	[θáuzənd]

★次の数字の言い方も練習しておこう。

- 21…twenty-one
- 22…twenty-two
- 23…twenty-three
- 34…thirty-four
- 45…forty-five
- 56…fifty-six
- 101…one[a] hundred (and) one 〔and は省略してもよい〕
- 202…two hundred (and) two 〔two hundreds としないこと〕
- 1,111…one thousand one hundred (and) eleven

★英語の数字には，左のページのようなもとになる数字〔これを基数（きすう）という〕と，「〜番目(の)」という順序を表す言い方〔これを序数（じょすう）という〕がある。数字に英語の語尾をつけて表す書き方とともに，次の言い方を覚えておこう。〔＊の語のつづりには特に注意〕

1st	2nd	3rd	4th	5th	6th	7th	8th
first	second	third	fourth	*fifth	sixth	seventh	*eighth
ファースト [fə́ːrst]	セカンド [sékənd]	サード [θə́ːrd]	フォース [fɔ́ːrθ]	フィフス [fífθ]	スィックスス [síksθ]	セヴンス [sévnθ]	エイトゥス [éitθ]

9th	10th	11th	12th
*ninth	tenth	eleventh	*twelfth
ナインス [náinθ]	テンス [ténθ]	イレヴンス [ilévnθ]	トゥウェルフス [twélfθ]

13th 〜 19th は左ページの基数に -th をつける。20th，30th などは twentieth，thirtieth と，語尾を -ieth にかえる。

★次の序数の言い方も練習しておこう。

- ▸ 21…twenty-first
- ▸ 32…thirty-second
- ▸ 43…forty-third
- ▸ 55…fifty-fifth
- ▸ 101…one[a] hundred (and) first

◆◆次の数字を基数と序数の両方で書いてみよう。　（解答は別冊 P.4）

(1) 1 ＿＿＿＿＿＿, ＿＿＿＿＿＿　(2) 2 ＿＿＿＿＿＿, ＿＿＿＿＿＿

(3) 3 ＿＿＿＿＿＿, ＿＿＿＿＿＿　(4) 5 ＿＿＿＿＿＿, ＿＿＿＿＿＿

(5) 8 ＿＿＿＿＿＿, ＿＿＿＿＿＿　(6) 9 ＿＿＿＿＿＿, ＿＿＿＿＿＿

(7) 20 ＿＿＿＿＿＿, ＿＿＿＿＿＿　(8) 22 ＿＿＿＿＿＿, ＿＿＿＿＿＿

(9) 33 ＿＿＿＿＿＿, ＿＿＿＿＿＿　(10) 45 ＿＿＿＿＿＿, ＿＿＿＿＿＿

(11) 103 ＿＿＿＿＿＿＿＿＿＿, ＿＿＿＿＿＿＿＿＿＿

(12) 201 ＿＿＿＿＿＿＿＿＿＿, ＿＿＿＿＿＿＿＿＿＿

(13) 302 ＿＿＿＿＿＿＿＿＿＿, ＿＿＿＿＿＿＿＿＿＿

(14) 405 ＿＿＿＿＿＿＿＿＿＿, ＿＿＿＿＿＿＿＿＿＿

セクション 2 まとめのテスト

はじめまして

月　日

点

解答は別冊 P.4・5

1 次の英語は日本語に，日本語は英語になおしなさい。（2 点×16）

(1) English (　　　)　(2) beautiful (　　　)

(3) lake (　　　)　(4) house (　　　)

(5) family (　　　)　(6) name (　　　)

(7) everyone (　　　)　(8) morning (　　　)

(9) 新しい ＿＿＿＿　(10) 先生 ＿＿＿＿

(11) 手伝う ＿＿＿＿　(12) 小さい ＿＿＿＿

(13) ～の近くに ＿＿＿＿　(14) 忙しい ＿＿＿＿

(15) 働く ＿＿＿＿　(16) 行く ＿＿＿＿

2 次の AB と CD の関係がほぼ同じになるように，D に適語を入れなさい。（2 点×5）

	A	B	C	D
(1)	grandma	grandpa	mother	＿＿＿＿
(2)	you	are	I	＿＿＿＿
(3)	I	my	you	＿＿＿＿
(4)	1	one	12	＿＿＿＿
(5)	teach	teaches	have	＿＿＿＿

3 次の語群を，日本文に合うように並べかえなさい。（8 点×2）

(1) 私はあなたがたの英語の先生です。

(your / am / teacher / I / English / .)

＿＿＿＿＿＿＿＿＿＿＿＿＿＿＿＿

(2) 私は私の母を毎日手伝います。

(help / day / my / every / I / mother / .)

＿＿＿＿＿＿＿＿＿＿＿＿＿＿＿＿

4 次の英文を読んで，あとの設問に答えなさい。　（7点×6）

Emi is eleven years old. She has a pretty cat at home. The cat's name is Amy. Their names are very alike.

Emi's homeroom teacher is Ms. Sano ... Sano Megumi. She has a small dog at home. The dog's name is Meg ... yes, their names are very alike too.

Me? I'm Aya. I have a cat and a dog at home. The cat's name is Tama and the dog's name is Taro. Not alike at all!

［注］ pretty：かわいい　at home：家で　～'s name：～の名前
alike：似ている　Not alike at all!：まったく似ていません！

29

(1) 絵美 (Emi)，佐野先生 (Ms. Sano)，私 (Aya) がそれぞれ家で飼っているペットを正しく表している絵を1つ選び，記号で答えなさい。〔　　〕

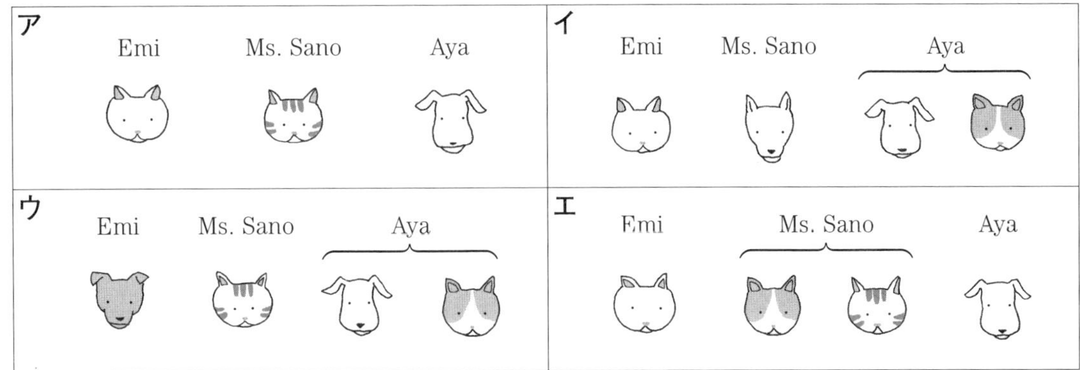

(2) 本文の内容と合うものには○を，合わないものには×をつけなさい。

ア〔　　〕 Emi's dog is Amy.

イ〔　　〕 Ms. Sano's dog is big.

ウ〔　　〕 Ms. Sano's dog is Meg.

エ〔　　〕 Aya doesn't have a cat at home.

オ〔　　〕 Aya's dog is Taro.

My Friends 私の友だち

単語・熟語の解説は別冊 P.5

意味 意味を書いてみましょう。 練習 つづりの練習をして覚えましょう。

STEP1 ●基礎

1 □ first [fə́ːrst]（ファースト） 意味＿＿＿ 練習＿＿＿

2 □ at [ǽt]（アット） 意味＿＿＿ 練習＿＿＿

3 □ today [tədéi]（トゥデイ） 意味＿＿＿ 練習＿＿＿

4 □ me [míː]（ミー） 意味＿＿＿ 練習＿＿＿

5 □ speak [spíːk]（スピーク） 意味＿＿＿ 練習＿＿＿

6 □ in [ín]（イン） 意味＿＿＿ 練習＿＿＿

7 □ understand [ʌ̀ndərstǽnd]（アンダスタンド） 意味＿＿＿ 練習＿＿＿

8 □ him [hím]（ヒム） 意味＿＿＿ 練習＿＿＿

9 □ study [stʌ́di]（スタディ） 意味＿＿＿ 練習＿＿＿

10 □ hard [hɑ́ːrd]（ハード） 意味＿＿＿ 練習＿＿＿

11 □ and [ǽnd]（アンド） 意味＿＿＿ 練習＿＿＿

12 □ be [bíː]（ビー） 意味＿＿＿ 練習＿＿＿

STEP2 ●中級

13 □ speak to ～ 意味＿＿＿ 練習＿＿＿

14 □ can't [kǽnt]（キャント） 意味＿＿＿ 練習＿＿＿

STEP3 ●上級

15 □ next door to ～ 意味＿＿＿ 練習＿＿＿

単語・熟語の意味

1 □ 形 第1の，最初の
2 □ 前 ～で
3 □ 副 今日
4 □ 代 私を，私に
5 □ 動 話す
6 □ 前 ～で，(～語)で
7 □ 動 理解する
8 □ 代 彼を，彼に
9 □ 動 勉強する
10 □ 副 一生けんめいに
11 □ 接 そして，それから
12 □ 動 (be 動詞の原形)
13 □ 熟 ～に話しかける
14 □ 助 (cannot の短縮形)
15 □ 熟 ～のとなり(の家)に

1 TOM LIVES NEXT DOOR. となりのトム

解答・考え方は別冊 P.5

月　日

点

☆☆☆次の英文を読んで，あとの設問に答えなさい。 (20点×5)

遼(りょう)君は中学１年生。最近となりに引っ越してきたトムについて話しています。

I'm Yamada Ryo. ❶I'm a first year student at junior high school.

We have a new student from America today. His name is Tom White.

He lives next door to me. He lives [❷] his family. He speaks to me [❸] English, but I can't understand him very much.

I study English hard, and I can be good friends with him.

31

(1) 序数のある文　下線部❶を日本文になおしなさい。

(　　　　　　　　　　　　　　　　　　)

(2) 適切な前置詞　[❷], [❸] にあてはまる語を下から選び，書きなさい。

❷ ＿＿＿＿＿＿　❸ ＿＿＿＿＿＿

〔 on　in　at　with　of 〕

(3) 内容の理解　次の質問に英文で答えなさい。

(a) Where does Tom live?

＿＿＿＿＿＿＿＿＿＿＿＿＿＿＿＿＿＿＿＿

(b) Can Ryo understand Tom's English well?

＿＿＿＿＿＿＿＿＿＿＿＿＿＿＿＿＿＿＿＿

ポイント

(1) first は one の順序を表す言い方。

左ページを見よ

(2)❷は「～といっしょに」，❸は「～語で」の意味。

左ページを見よ

(3)質問の意味は次の通り。

(a)「トムはどこに住んでいますか」

(b)「遼はトムの英語を十分に理解できますか」

My Friends 私の友だち

単語・熟語の解説は別冊 P.5

意味 意味を書いてみましょう。 練習 つづりの練習をして覚えましょう。

STEP 1 ●基礎

1 □ same [séim] セイム　意味＿＿＿＿　練習＿＿＿＿

2 □ of [ɑ́v] アヴ　意味＿＿＿＿　練習＿＿＿＿

3 □ club [klʌ́b] クラブ　意味＿＿＿＿　練習＿＿＿＿

4 □ poor [púər] プア　意味＿＿＿＿　練習＿＿＿＿

5 □ sometimes [sʌ́mtàimz] サムタイムズ　意味＿＿＿＿　練習＿＿＿＿

6 □ our [áuər] アウア　意味＿＿＿＿　練習＿＿＿＿

STEP 2 ●中級

7 □ member [mémbər] メンバァ　意味＿＿＿＿　練習＿＿＿＿

8 □ tennis [ténis] テニス　意味＿＿＿＿　練習＿＿＿＿

9 □ player [pléiər] プレイア　意味＿＿＿＿　練習＿＿＿＿

STEP 3 ●上級

10 □ beat [bíːt] ビート　意味＿＿＿＿　練習＿＿＿＿

11 □ coach [kóutʃ] コウチ　意味＿＿＿＿　練習＿＿＿＿

12 □ racket [rǽkit] ラケット　意味＿＿＿＿　練習＿＿＿＿

13 □ expensive [ikspénsiv] イクスペンスィヴ　意味＿＿＿＿　練習＿＿＿＿

14 □ professional [prəféʃənəl] プロフェッショナル　意味＿＿＿＿　練習＿＿＿＿

15 □ in the future　意味＿＿＿＿　練習＿＿＿＿

単語・熟語の意味

1 □ 形 同じ
2 □ 前 ～の
3 □ 名 クラブ，部
4 □ 形 へたな
5 □ 副 ときどき
6 □ 代 私たちの
7 □ 名 一員，メンバー
8 □ 名 テニス
9 □ 名 競技者，選手
10 □ 動 打ち負かす
11 □ 名 コーチ
12 □ 名 ラケット
13 □ 形 高価な
14 □ 形 プロの
15 □ 熟 将来(に)

2 KEN PLAYS TENNIS. テニス部でいっしょの健

解答・考え方は別冊 P.5・6

月　日

点

☆☆次の英文を読んで，あとの設問に答えなさい。 (20点×5)

健(けん)は遼(りょう)と同じテニス部に入っています。遼が健について話しています。

Ken and I are not in the same class. But we are both members of the tennis club.

I'm a poor player, but Ken is a very good tennis player. He sometimes beats our coach.

He has five tennis rackets. They are good rackets and very expensive.

<u>He can be a professional tennis player in the future.</u>

(1) canのある文　下線部を日本文になおしなさい。

(　　　　　　　　　　　　　　　　　　　　)

(2) 内容の理解　次の質問に英文で答えなさい。

(a) Are Ken and Ryo classmates?

____

(b) Is Ken a member of the tennis club?

____

(c) Does Ryo play tennis well?

____

(d) How many tennis rackets does Ken have?

____

ポイント

(1)canやin the futureの意味に注意。

左ページを見よ

(2)質問の意味は次の通り。

(a)「健と遼は同級生ですか」

(b)「健はテニス部のメンバーですか」

(c)「遼は上手にテニスをしますか」

(d)「健はテニスラケットを何本持っていますか」

My Friends 私の友だち

🔊 34

単語・熟語の解説は別冊 P.6

意味 意味を書いてみましょう。 練習 つづりの練習をして覚えましょう。

STEP 1 ●基礎

1 □ uncle [ʌ́ŋkl] アンクル 意味＿＿＿ 練習＿＿＿

2 □ child [tʃáild] チャイルド 意味＿＿＿ 練習＿＿＿

3 □ friend [frénd] フレンド 意味＿＿＿ 練習＿＿＿

4 □ talk [tɔ́ːk] トーク 意味＿＿＿ 練習＿＿＿

5 □ well [wél] ウェル 意味＿＿＿ 練習＿＿＿

6 □ write [ráit] ライト 意味＿＿＿ 練習＿＿＿

7 □ early [ə́ːrli] アーリィ 意味＿＿＿ 練習＿＿＿

8 □ come [kʌ́m] カム 意味＿＿＿ 練習＿＿＿

9 □ room [rúːm] ルーム 意味＿＿＿ 練習＿＿＿

10 □ then [ðén] ゼン 意味＿＿＿ 練習＿＿＿

11 □ shout [ʃáut] シャウト 意味＿＿＿ 練習＿＿＿

STEP 2 ●中級

12 □ cousin [kʌ́zn] カズン 意味＿＿＿ 練習＿＿＿

13 □ stay at ～ 意味＿＿＿ 練習＿＿＿

14 □ get up 意味＿＿＿ 練習＿＿＿

STEP 3 ●上級

15 □ for one's age 意味＿＿＿ 練習＿＿＿

単語・熟語の意味

1 □ 名 おじ
2 □ 名 子ども
3 □ 名 友だち，友人
4 □ 動 話す，しゃべる
5 □ 副 上手に，よく
6 □ 動 書く
7 □ 副 早く
8 □ 動 来る
9 □ 名 部屋
10 □ 副 それから，そのとき
11 □ 動 叫ぶ
12 □ 名 いとこ
13 □ 熟 ～に滞在する
14 □ 熟 起きる
15 □ 熟 ～の年の割には

3 EMI, MY COUSIN いとこの絵美

解答・考え方は別冊 P.6

月　日

点

☆☆次の英文を読んで，あとの設問に答えなさい。 (20点×5)

遼のいとこの絵美(えみ)が，遼の家に遊びに来ています。

Emi is my cousin. She is my uncle's ❶child. She is staying at my house with her mother.

She is five years old. But she is a good friend of mine. She talks very well for her age. She can write some *hiragana* and *katakana*.

❷She gets up very early in the morning, and comes to my room, then shouts, "Get up now, get up now!" She is really like my sister.

35

(1) 不規則な複数形 下線部❶の語の複数形を書きなさい。

____

(2) 熟語の知識 下線部❷を日本文になおしなさい。

(　　　　　　　　　　　　　　　　)

(3) 内容の理解 次の質問に英文で答えなさい。

(a) Where is Emi staying now?

____

(b) How old is Emi?

____

(c) Can Emi write all of the *hiragana* and *katakana*?

____

ポイント

(1)複数形には -s, -es をつけるのではないものもある。

チェック15

(2)get up の表す意味に注意する。

左ページを見よ

(3)質問の意味は次の通り。

(a)「絵美は今どこに滞在していますか」

(b)「絵美は何歳ですか」

(c)「絵美はひらがなとカタカナのすべてを書けますか」

My Friends 私の友だち

単語・熟語の解説は別冊 P.6

意味 意味を書いてみましょう。 練習 つづりの練習をして覚えましょう。

STEP 1 ●基礎

1 □ stay [stéi] (ステイ) 意味 ______ 練習 ______

2 □ summer [sʌ́mər] (サマァ) 意味 ______ 練習 ______

3 □ vacation [veikéiʃən] (ヴェイケイション) 意味 ______ 練習 ______

4 □ enjoy [indʒɔ́i] (インヂョイ) 意味 ______ 練習 ______

5 □ big [bíg] (ビッグ) 意味 ______ 練習 ______

6 □ letter [létər] (レタァ) 意味 ______ 練習 ______

7 □ say [séi] (セイ) 意味 ______ 練習 ______

8 □ really [ríːəli] (リーアリィ) 意味 ______ 練習 ______

STEP 2 ●中級

9 □ classmate [klǽsmèit] (クラスメイト) 意味 ______ 練習 ______

10 □ trip [tríp] (トゥリップ) 意味 ______ 練習 ______

11 □ big brother 意味 ______ 練習 ______

12 □ exciting [iksáitiŋ] (イクサイティング) 意味 ______ 練習 ______

13 □ hotel [houtél] (ホウテル) 意味 ______ 練習 ______

STEP 3 ●上級

14 □ (the) United States 意味 ______ 練習 ______

15 □ (the) Statue of Liberty 意味 ______ 練習 ______

単語・熟語の意味

1 □ 動 滞在する
2 □ 名 夏
3 □ 名 休暇，休み
4 □ 動 楽しむ
5 □ 形 大きい，年上の
6 □ 名 手紙
7 □ 動 言う
8 □ 副 本当に
9 □ 名 同級生
10 □ 名 旅行
11 □ 熟 兄
12 □ 形 興奮させる
13 □ 名 ホテル
14 □ 熟 アメリカ合衆国
15 □ 熟 自由の女神像

4 DAIKI IN AMERICA アメリカにいる大樹

解答・考え方は別冊 P.6・7

月　日

点

☆☆次の英文を読んで，あとの設問に答えなさい。 (20点×5)

夏休みにアメリカに行っている大樹(だいき)について，遼が話しています。

Daiki is my classmate. He is staying in the United States for summer vacation. ❶He is enjoying his trip with his big brother.

In his letter Daiki says, "I'm now in New York. New York is really an exciting ❷city. I can see the Statue of Liberty from my room in the hotel."

37

(1) 現在進行形の文 下線部❶を日本文になおしなさい。

(　　　　　　　　　　　　)

(2) 複数形 下線部❷の語の複数形を書きなさい。

＿＿＿＿＿＿＿＿

(3) 内容の理解 本文の内容と合うものを３つ選び，○をつけなさい。

ア〔　〕Ryo and Daiki are brothers.

イ〔　〕Daiki is now staying in the United States.

ウ〔　〕Daiki is with his brother in Japan now.

エ〔　〕Ryo is in the United States with Daiki.

オ〔　〕Daiki's brother is enjoying the trip with Daiki.

カ〔　〕Daiki can see the Statue of Liberty from his hotel room in New York.

ポイント

(1)現在進行形は，現在動作が進行中であることを表す。 ☞チェック28

(2)語尾が〈子音字＋y〉であることに注意。 ☞チェック15

(3)ア遼と大樹の関係は？

イ・ウ大樹は今どこにいるのか？

エ遼はどこにいるのか？

オ大樹はだれと旅行しているのか。

カだれがどこから何を見ることができるかに注意する。

My Friends 私の友だち

単語・熟語の解説は別冊 P.7

意味 意味を書いてみましょう。 練習 つづりの練習をして覚えましょう。

STEP 1 ● 基礎

1 □ picture [píktʃər] (ピクチャァ) 意味＿＿＿＿ 練習＿＿＿＿

2 □ often [ɔ́(ː)fn] (オ(ー)フン) 意味＿＿＿＿ 練習＿＿＿＿

3 □ send [sénd] (センド) 意味＿＿＿＿ 練習＿＿＿＿

4 □ about [əbáut] (アバウト) 意味＿＿＿＿ 練習＿＿＿＿

5 □ school [skúːl] (スクール) 意味＿＿＿＿ 練習＿＿＿＿

6 □ life [láif] (ライフ) 意味＿＿＿＿ 練習＿＿＿＿

7 □ leave [líːv] (リーヴ) 意味＿＿＿＿ 練習＿＿＿＿

8 □ home [hóum] (ホウム) 意味＿＿＿＿ 練習＿＿＿＿

9 □ by [bái] (バイ) 意味＿＿＿＿ 練習＿＿＿＿

10 □ bus [bʌ́s] (バス) 意味＿＿＿＿ 練習＿＿＿＿

STEP 2 ● 中級

11 □ e-mail [íːmeil] (イーメイル) 意味＿＿＿＿ 練習＿＿＿＿

12 □ reach [ríːtʃ] (リーチ) 意味＿＿＿＿ 練習＿＿＿＿

13 □ next month 意味＿＿＿＿ 練習＿＿＿＿

STEP 3 ● 上級

14 □ close [klóus] (クロウス) 意味＿＿＿＿ 練習＿＿＿＿

15 □ each other 意味＿＿＿＿ 練習＿＿＿＿

単語・熟語の意味

1 □ 名 写真，絵
2 □ 副 しばしば，よく
3 □ 動 送る
4 □ 前 ～について
5 □ 名 学校
6 □ 名 生活
7 □ 動 去る，出発する
8 □ 名 家，家庭
9 □ 前 ～で，～を使って
10 □ 名 バス
11 □ 名 電子メール，Eメール
12 □ 動 着く，到着する
13 □ 熟 来月
14 □ 形 親しい，親密な
15 □ 熟 お互い(に)

5 HIROSHI, MY CLOSE FRIEND 親友の博

解答・考え方は別冊 P.7

月　日

点

☆☆次の英文を読んで，あとの設問に答えなさい。 (20点×5)

博(ひろし)は遼の親友です。遼が博について話しています。

This is a picture of my close friend, Hiroshi. He doesn't live in Tokyo now. He lives in Aomori. His father works there.

We often send e-mails to each other about our school life. —— Hiroshi leaves home at eight. He goes to school by bus. He reaches school at 8:20.

Hiroshi is coming to Tokyo next month, and I can see him then.

39

(1) 内容の理解 次の質問に日本語で答えなさい。

(a) 博と遼は電子メールでよくどんなことについて書いて送り合っていますか。

(　　　　　　　　　　　　　　　　　　　　　　)

(b) 遼は，今度いつ博に会えると言っていますか。

(　　　　　　　　　　　　　　　　　　　　　　)

(2) 内容の理解 次の質問に英文で答えなさい。

(a) Where does Hiroshi's father work?

____

(b) How does Hiroshi go to school?

____

(c) What time does Hiroshi get to school?

____

ポイント

(1)(a)英文4～5行目の about 以下に注目する。

(b)最後の文の最後の then はいつを表しているのか。

(2)質問の意味は次の通り。

(a)「博のお父さんはどこで働いていますか」

(b)「博はどうやって学校へ行っていますか」

(c)「博は何時に学校に着きますか」。get to = reach。

セクション 3 まとめのテスト

私の友だち

月　日

点

解答は別冊 P.7・8

1 次の英語は日本語に，日本語は英語になおしなさい。 （2点×16）

(1) vacation (　　　)　(2) enjoy (　　　)

(3) trip (　　　)　(4) talk (　　　)

(5) room (　　　)　(6) uncle (　　　)

(7) same (　　　)　(8) racket (　　　)

(9) 今日 ＿＿＿＿　(10) 理解する ＿＿＿＿

(11) 一生けんめいに ＿＿＿＿　(12) 学校 ＿＿＿＿

(13) 写真，絵 ＿＿＿＿　(14) 夏 ＿＿＿＿

(15) 手紙 ＿＿＿＿　(16) 友だち ＿＿＿＿

2 次の AB と CD の関係がほぼ同じになるように，D に適語を入れなさい。 （2点×5）

	A	B	C	D
(1)	I	my	we	＿＿＿＿
(2)	5	fifth	1	＿＿＿＿
(3)	he	him	I	＿＿＿＿
(4)	I	am	we	＿＿＿＿
(5)	box	boxes	child	＿＿＿＿

3 次の語群を，日本文に合うように並べかえなさい。 （8点×2）

(1) 彼は上手に英語を書くことができます。

(write / he / well / English / can / .)

＿＿＿＿＿＿＿＿＿＿＿＿＿＿＿＿

(2) 彼女は今手紙を書いているところです。

(is / a / now / she / writing / letter / .)

＿＿＿＿＿＿＿＿＿＿＿＿＿＿＿＿

4 次の英文を読んで，あとの設問に答えなさい。 （7点×6）

日本にいるトムに遼が話しかけています。

Ryo : Hi, Tom. ❶What are you doing?

Tom : I'm ❷(write) a letter to my uncle.

Ryo : Where does he live?

Tom : In Chicago.

Ryo : Is Chicago near your hometown?

Tom : Yes. It's a very ❸big city.

You can see a lot of factories ❹there.

Ryo : Does your uncle work in a factory?

Tom : No, he doesn't. He runs a meat shop.

［注］ hi：やあ　do：する　Chicago：シカゴ　very：とても
a lot of ～：たくさんの～　factory：工場　run：経営する
meat shop：肉屋

41

(1) 下線部❶を日本文になおしなさい。

（　　　　　　　　　　　　　　　　　　　　　　　　　　）

(2) ❷の(　)内の語を適切な形にかえなさい。

____

(3) 下線部❸とほぼ同じ意味で，lで始まる単語を書きなさい。

____

(4) 下線部❹の there は具体的にどこを指すか，文中の2語で答えなさい。

____

(5) 次の質問に英文で答えなさい。

(a) Is Chicago near Tom's hometown?

____

(b) What does Tom's uncle do in Chicago?

____

At School 学校で

42

単語・熟語の解説は別冊 P.8

意味 意味を書いてみましょう。 練習 つづりの練習をして覚えましょう。

STEP 1 ●基礎

1 □ like [láik]（ライク） 意味＿＿＿ 練習＿＿＿

2 □ very [véri]（ヴェリィ） 意味＿＿＿ 練習＿＿＿

3 □ easy [íːzi]（イーズィ） 意味＿＿＿ 練習＿＿＿

4 □ for [fɔ́ːr]（フォーァ） 意味＿＿＿ 練習＿＿＿

5 □ Tuesday [t(j)úːzdei]（トゥーズデイ） 意味＿＿＿ 練習＿＿＿

6 □ class [klǽs]（クラス） 意味＿＿＿ 練習＿＿＿

7 □ six [síks]（スィックス） 意味＿＿＿ 練習＿＿＿

8 □ How many ～? 意味＿＿＿ 練習＿＿＿

STEP 2 ●中級

9 □ favorite [féivərət]（フェイヴァリット） 意味＿＿＿ 練習＿＿＿

10 □ subject [sʌ́bdʒikt]（サブヂェクト） 意味＿＿＿ 練習＿＿＿

11 □ How about ～? 意味＿＿＿ 練習＿＿＿

12 □ math [mǽθ]（マス） 意味＿＿＿ 練習＿＿＿

13 □ difficult [dífikəlt]（ディフィカルト） 意味＿＿＿ 練習＿＿＿

STEP 3 ●上級

14 □ oh [óu]（オウ） 意味＿＿＿ 練習＿＿＿

15 □ well [wél]（ウェル） 意味＿＿＿ 練習＿＿＿

単語・熟語の意味

1 □ 動 好きである，好む
2 □ 副 とても，非常に
3 □ 形 やさしい，簡単な
4 □ 前 ～にとって(は)
5 □ 名 火曜日
6 □ 名 授業
7 □ 名形 6(の)
8 □ 熟 いくつ〔何人〕～か。
9 □ 形 大好きな
10 □ 名 学科，教科
11 □ 熟 ～はどうですか。
12 □ 名 数学
13 □ 形 難しい
14 □ 間 おお，ああ，おや
15 □ 間 さて，ところで

1 MY FAVORITE SUBJECT 好きな学科

解答・考え方は別冊 P.8

月　日

点

☆☆次の英文を読んで，あとの設問に答えなさい。 (20点×5)

遼と同級生の大樹が好きな学科について話しています。

Ryo : Do you like English, Daiki?

Daiki : Yes. English is my favorite subject.

Ryo : ❶How about math?

Daiki : Oh, I don't like math. Math is very difficult.

Ryo : ❷Is it? Math is easy for me.
Well, today is Tuesday. Do we have five classes or six today?

Daiki : Six. We have six classes on Tuesday.

(1) 熟語の知識 下線部❶を日本文になおしなさい。

(　　　　　　　　　　　　　　　　　　　　　　)

(2) 省略された語 下線部❷のあとに１語補うとすれば何か。その語を書きなさい。

____

(3) 内容の理解 次の質問に，大樹になったつもりで英文で答えなさい。

(a) Do you like English?

____

(b) Is math your favorite subject?

____

(c) How many classes do you have today?

____

ポイント

(1) How about ～? はどういう意味か。

左ページを見よ
チェック25

(2)前の文から考えてみる。形容詞を補う。

(3)質問の意味は次の通り。

(a)「あなたは英語が好きですか」

(b)「数学はあなたの大好きな教科ですか」

(c)「今日何時間授業がありますか」

チェック15

At School 学校で

44

単語・熟語の解説は別冊 P.8

意味 意味を書いてみましょう。練習 つづりの練習をして覚えましょう。

STEP 1 ●基礎

1 □ **stand** [stǽnd]（スタンド） 意味_____ 練習_____

2 □ **on** [ɑ́n]（アン） 意味_____ 練習_____

3 □ **hill** [híl]（ヒル） 意味_____ 練習_____

4 □ **long** [lɔ́ːŋ]（ローング） 意味_____ 練習_____

5 □ **building** [bíldiŋ]（ビルディング） 意味_____ 練習_____

6 □ **library** [láibrèri]（ライブレリィ） 意味_____ 練習_____

7 □ **usually** [júːʒuəli]（ユージュアリィ） 意味_____ 練習_____

8 □ **a lot of ～** 意味_____ 練習_____

9 □ **every month** 意味_____ 練習_____

STEP 2 ●中級

10 □ **history** [hístəri]（ヒストリィ） 意味_____ 練習_____

11 □ **over** [óuvər]（オウヴァ） 意味_____ 練習_____

12 □ **borrow** [bɑ́rou]（バロウ） 意味_____ 練習_____

STEP 3 ●上級

13 □ **swimming pool** 意味_____ 練習_____

14 □ **gymnasium** [dʒimnéiziəm]（ヂムネイズィアム） 意味_____ 練習_____

15 □ **be proud of ～** 意味_____ 練習_____

単語・熟語の意味

1 □ 動 ある，立っている
2 □ 前 ～の上に
3 □ 名 丘（おか）
4 □ 形 長い
5 □ 名 建物，建造物
6 □ 名 図書室，図書館
7 □ 副 ふつうは，いつもは
8 □ 熟 たくさんの～
9 □ 熟 毎月
10 □ 名 歴史
11 □ 前 ～より多く，～以上
12 □ 動 借りる
13 □ 熟 （水泳の）プール
14 □ 名 体育館
15 □ 熟 ～を誇（ほこ）りに思う

2 MY SCHOOL 学校のようす

解答・考え方は別冊 P.8・9

月　日

点

☆☆次の英文を読んで，あとの設問に答えなさい。 (20点×5)

遼が自分の学校について話しています。

Our school stands on a hill. It has a long history, but the school building is new.

We have a library, a swimming pool, a gymnasium, and other things.

The library has over 100,000 books. ❶We are very proud of this library. I usually borrow two books a week. I read ❷a lot of books every month.

45

(1) 熟語の知識 下線部❶を日本文になおしなさい。

(　　　　　　　　　　　　　　　　　　)

(2) 単語・熟語の知識 下線部❷を同じ意味の1語で書きなさい。

＿＿＿＿＿＿＿＿

(3) 内容の理解 本文の内容と合うものを3つ選び，○をつけなさい。

ア〔　　〕遼の学校は丘のふもとにある。

イ〔　　〕遼の学校は歴史が浅いために，学校の建物も新しい。

ウ〔　　〕遼の学校には水泳用のプールがある。

エ〔　　〕遼の学校の図書室には10万冊以上の蔵書があり，自慢の種になっている。

オ〔　　〕遼はほとんど学校の図書室を利用しない。

カ〔　　〕遼はたいてい週に2冊の本を借りている。

ポイント

(1) be proud of ～の意味は何か。

左ページを見よ

(2)まず a lot of ～の意味を確認しよう。

左ページを見よ

(3)ア「ふもと」が正しいか？

イ「浅い」が正しいか？

ウ英文3行目 We で始まる文に注目する。

エ英文5～6行目に注目する。

オ・カ最後の2文から判断する。

At School 学校で

46

単語・熟語の解説は別冊 P.9

意味 意味を書いてみましょう。 練習 つづりの練習をして覚えましょう。

STEP 1 ●基礎

1 □ sport [spɔ́ːrt] スポート 意味＿＿ 練習＿＿

2 □ club [klʌ́b] クラブ 意味＿＿ 練習＿＿

3 □ like [láik] ライク 意味＿＿ 練習＿＿

4 □ like ～ very much 意味＿＿ 練習＿＿

5 □ tall [tɔ́ːl] トール 意味＿＿ 練習＿＿

6 □ hard [hɑ́ːrd] ハード 意味＿＿ 練習＿＿

7 □ play [pléi] プレイ 意味＿＿ 練習＿＿

8 □ any [éni] エニィ 意味＿＿ 練習＿＿

STEP 2 ●中級

9 □ baseball [béisbɔ̀ːl] ベイスボール 意味＿＿ 練習＿＿

10 □ belong to ～ 意味＿＿ 練習＿＿

11 □ basketball [bǽskitbɔ̀ːl] バスケトボール 意味＿＿ 練習＿＿

12 □ practice [prǽktis] プラクティス 意味＿＿ 練習＿＿

STEP 3 ●上級

13 □ soccer [sɑ́kər] サカァ 意味＿＿ 練習＿＿

14 □ volleyball [vɑ́libɔ̀ːl] ヴァリィボール 意味＿＿ 練習＿＿

15 □ not very ～ 意味＿＿ 練習＿＿

単語・熟語の意味

1 □ 名 スポーツ
2 □ 名 クラブ，部
3 □ 前 ～のような
4 □ 熟 ～が大好きである
5 □ 形 背が高い
6 □ 形 厳しい，激しい
7 □ 動 (スポーツを)する
8 □ 形 (疑問文で)何か
9 □ 名 野球
10 □ 熟 ～に属している
11 □ 名 バスケットボール
12 □ 名 動 練習(する)
13 □ 名 サッカー
14 □ 名 バレーボール
15 □ 熟 あまり～ない

3 CLUB ACTIVITIES クラブ活動

解答・考え方は別冊 P.9

月　日

点

☆☆次の英文を読んで，あとの設問に答えなさい。　(20点×5)

遼が教室で友だちの浩二(こうじ)とクラブ活動について話し合っています。

Ryo : We have a lot of sports clubs in our school, like the baseball club, soccer club, and volleyball club. Do you like sports, Koji?

Koji : Yes. ❶I like sports very much. I'm very tall, and I belong to the basketball club.

Ryo : Do you practice every day?

Koji : Yes. The practice is very ❷hard. Do you play any sports, Ryo?

Ryo : Yes. I play tennis, but ❸I'm not very good.

47

(1) 副詞の働き　下線部❶を日本文になおしなさい。

(　　　　　　　　　　　　　　　　　　　　　)

(2) 単語の意味　下線部❷の hard と同じ意味で使われている文を1つ選び，記号を○でかこみなさい。

ア He is a hard worker.

イ He studies English hard every day.

ウ We need hard training for the game.

(3) 熟語の知識　下線部❸を日本文になおしなさい。

(　　　　　　　　　　　　　　　　　　　　　)

(4) 内容の理解　それぞれの質問に日本語で答えなさい。

(a) 浩二は何部に入っていますか。

(　　　　　　　　　　　　　　　　　　　　　)

(b) 遼がするスポーツは何ですか。

(　　　　　　　　　　　　　　　　　　　　　)

ポイント

(1) very much は like を修飾している。

左ページを見よ

(2) 本文中の hard は形容詞である。

左ページを見よ

(3) not very ～に注意。

左ページを見よ

(4)(a) 英文５行目に注目。

(b) 最後の行に注目。

At School 学校で

48

単語・熟語の解説は別冊 P.9・10

意味 意味を書いてみましょう。 練習 つづりの練習をして覚えましょう。

STEP 1 ●基礎

1. □ **language** [lǽŋgwidʒ] (ラングウィッヂ) 意味＿＿＿ 練習＿＿＿
2. □ **teacher** [tíːtʃər] (ティーチャァ) 意味＿＿＿ 練習＿＿＿
3. □ **teach** [tíːtʃ] (ティーチ) 意味＿＿＿ 練習＿＿＿
4. □ **once** [wʌ́ns] (ワンス) 意味＿＿＿ 練習＿＿＿
5. □ **week** [wíːk] (ウィーク) 意味＿＿＿ 練習＿＿＿
6. □ **interesting** [íntrəstiŋ] (インタレスティング) 意味＿＿＿ 練習＿＿＿
7. □ **speak** [spíːk] (スピーク) 意味＿＿＿ 練習＿＿＿
8. □ **Japanese** [dʒæ̀pəníːz] (ヂャパニーズ) 意味＿＿＿ 練習＿＿＿
9. □ **use** [júːz] (ユーズ) 意味＿＿＿ 練習＿＿＿
10. □ **then** [ðén] (ゼン) 意味＿＿＿ 練習＿＿＿
11. □ **us** [ʌ́s] (アス) 意味＿＿＿ 練習＿＿＿

STEP 2 ●中級

12. □ **Mr.** [místər] (ミスタァ) 意味＿＿＿ 練習＿＿＿
13. □ **come from ～** 意味＿＿＿ 練習＿＿＿
14. □ **in class** 意味＿＿＿ 練習＿＿＿

STEP 3 ●上級

15. □ **assistant** [əsístənt] (アスィスタント) 意味＿＿＿ 練習＿＿＿

単語・熟語の意味

1. □ 名 言語，言葉
2. □ 名 先生，教師
3. □ 動 教える
4. □ 副 1 度，1 回
5. □ 名 週
6. □ 形 おもしろい
7. □ 動 話す
8. □ 名 日本語
9. □ 動 使う，用いる
10. □ 副 そのとき，それから
11. □ 代 私たちを〔に〕
12. □ 名 ～さん〔男性に使う〕
13. □ 熟 ～の出身である
14. □ 熟 授業中
15. □ 形 補助の

4 MR. BROWN 私たちのALT

解答・考え方は別冊 P.10

月　日

点

☆☆ 次の英文を読んで，あとの設問に答えなさい。 (20点×5)

遼が ALT のブラウン先生について話しています。

Mr. Brown is our assistant language teacher (ALT). He comes from America.

He teaches English once a week. His class is very interesting, and we like ❶(he) very much.

❷He can speak Japanese well, but he doesn't use Japanese in class. We sometimes can't understand him, and then Mr. Tanaka, our English teacher, helps us.

49

(1) 代名詞の形 ❶の(　)内の語を適切な形にかえなさい。

____

(2) 熟語などの知識 下線部❷を日本文になおしなさい。

(　　　　　　　　　　　　　　　　　　　　)

(3) 内容の理解 次の質問に，(a)・(b)は英文で，(c)は日本語で答えなさい。

(a) Where does Mr. Brown come from?

____

(b) Does Ryo like Mr. Brown?

____

(c) 田中先生が遼君たちを手助けするのはどんなときですか。

(　　　　　　　　　　　　　　　　　　　　)

ポイント

(1) like の目的語になっているので目的格にする。

チェック20

(2) can や in class の意味に注意する。

左ページを見よ

(3)(a)「ブラウン先生はどこの出身ですか」

(b)「遼はブラウン先生が好きですか」

(c)最後の文の前半に特に注目してみよう。

At School 学校で

50

単語・熟語の解説は別冊 P.10

意味 意味を書いてみましょう。 練習 つづりの練習をして覚えましょう。

STEP1 ●基礎

1 □ study [stʌ́di] (スタディ) 意味 ______ 練習 ______

2 □ open [óupən] (オウプン) 意味 ______ 練習 ______

3 □ listen to ～ 意味 ______ 練習 ______

4 □ stand up 意味 ______ 練習 ______

5 □ read [ríːd] (リード) 意味 ______ 練習 ______

6 □ please [plíːz] (プリーズ) 意味 ______ 練習 ______

7 □ fine [fáin] (ファイン) 意味 ______ 練習 ______

STEP2 ●中級

8 □ lesson [lésn] (レスン) 意味 ______ 練習 ______

9 □ textbook [tékstbùk] (テクストブック) 意味 ______ 練習 ______

10 □ page [péidʒ] (ペイヂ) 意味 ______ 練習 ______

11 □ CD [síːdíː] (スィーディー) 意味 ______ 練習 ______

12 □ first [fə́ːrst] (ファースト) 意味 ______ 練習 ______

STEP3 ●上級

13 □ passage [pǽsidʒ] (パセッヂ) 意味 ______ 練習 ______

14 □ repeat after ～ 意味 ______ 練習 ______

15 □ this time 意味 ______ 練習 ______

単語・熟語の意味

1 □ 動 勉強する
2 □ 動 開く，開ける
3 □ 熟 ～を聞く
4 □ 熟 立ち上がる
5 □ 動 読む
6 □ 副 どうぞ，どうか
7 □ 形 見事な，すばらしい
8 □ 名 課，レッスン
9 □ 名 教科書，テキスト
10 □ 名 ページ
11 □ 名 CD
12 □ 副 まず最初に
13 □ 名 (文の)一節，箇所
14 □ 熟 ～のあとについて言う
15 □ 熟 今回は

5 IN CLASS 授業のようす

解答・考え方は別冊 P.10

月　日
点

☆☆次の英文を読んで，あとの設問に答えなさい。 (20点×5)

田中先生の英語の授業のようすです。

Mr. Tanaka : Today we study Lesson 5. ❶Open your textbooks to page 30. ❷Listen to the CD first.

………

Mr. Tanaka : ❸Stand up, Ryo. ❹Can you read the same passage, please?

Ryo : Yes, Mr. Tanaka.

………

Mr. Tanaka : Fine! ❺Everyone, repeat after me this time.

51

(1) 命令文など　下線部❶，❹，❺を日本文になおしなさい。

❶ (　　　　　　　　　　　　　　　　)

❹ (　　　　　　　　　　　　　　　　)

❺ (　　　　　　　　　　　　　　　　)

(2) 誘いかける文　下線部❷を，「～しましょう」と誘いかける文に書きかえなさい。

(3) 否定の命令文　下線部❸を，「～するな」という意味の文に書きかえなさい。

ポイント

(1)❶と❺は命令文であることに注意。

チェック22

(2)「～しましょう」と誘いかけるには，命令文の前に何をつければいいのか。

チェック22

(3)「～するな，～してはいけない」の意味にするには命令文の前に何をつければいいのか。

チェック22

学校で

月　日

点

解答は別冊 P.10・11

1 次の英語は日本語に，日本語は英語になおしなさい。（2点×16）

(1) interesting (　　　　)　(2) speak (　　　　)

(3) use (　　　　)　(4) baseball (　　　　)

(5) practice (　　　　)　(6) building (　　　　)

(7) history (　　　　)　(8) subject (　　　　)

(9) 図書館 ＿＿＿＿＿　(10) 長い ＿＿＿＿＿

(11) 背が高い ＿＿＿＿＿　(12) 週 ＿＿＿＿＿

(13) 日本語 ＿＿＿＿＿　(14) 開ける ＿＿＿＿＿

(15) 勉強する ＿＿＿＿＿　(16) 丘 ＿＿＿＿＿

2 次の AB と CD の関係がほぼ同じになるように，D に適語を入れなさい。（2点×5）

	A	B	C	D
(1)	you	your	I	＿＿＿＿＿
(2)	I	me	we	＿＿＿＿＿
(3)	play	player	teach	＿＿＿＿＿
(4)	small	large	easy	＿＿＿＿＿
(5)	2	second	3	＿＿＿＿＿

3 次の語群を，日本文に合うように並べかえなさい。（8点×2）

(1) 彼らはどこで野球をしているのですか。

(baseball / they / are / where / playing / ?)

＿＿＿＿＿＿＿＿＿＿＿＿＿＿＿＿＿＿＿＿＿＿＿＿

(2) この CD を聞いてはいけません。

(CD / to / don’t / this / listen / .)

＿＿＿＿＿＿＿＿＿＿＿＿＿＿＿＿＿＿＿＿＿＿＿＿

4 次の英文を読んで，あとの設問に答えなさい。 （6点×7）

田中先生と遼の会話です。

Mr. Tanaka : [❶] are you doing here?

Ryo : I am listening [❷] the English news on the Internet. Today they are talking [❸] the World Cup. But I can only understand a little.

Mr. Tanaka : ❹How many hours do you study English every day?

Ryo : Usually for an hour.

Mr. Tanaka : Good. Is English that interesting?

Ryo : Yes! ❺It really is.

［注］ news：ニュース　Internet：インターネット
the World Cup：ワールドカップ
but：しかし　only ... a little：ほんの少し
hour：時間　that：そんなに

53

(1) [❶] にあてはまる語を書きなさい。

____

(2) ❷・❸の [　　] に適する語を下から1つずつ選んで書きなさい。

❷ __________　❸ __________

[in　about　at　to　from]

(3) 下線部❹を日本文になおしなさい。

(　　　　　　　　　　)

(4) 次の質問に日本語で簡潔に答えなさい。

(a) 遼は何を利用して英語のニュースを聞いていますか。

(　　　　　　　　　　)

(b) 遼の英語の勉強時間はどれくらいですか。

(　　　　　　　　　　)

(5) 下線部❺の意味に最も近いものを1つ選び，記号を○でかこみなさい。

ア The Internet is very interesting.

イ English is not that interesting.

ウ English is very interesting.

Traveling Abroad 海外旅行

単語・熟語の解説は別冊 P.11

意味 意味を書いてみましょう。 練習 つづりの練習をして覚えましょう。

STEP 1 ●基礎

1. □ country [kʌ́ntri]（カントゥリィ） 意味＿＿＿＿ 練習＿＿＿＿
2. □ Japanese [dʒæ̀pəníːz]（ヂャパニーズ） 意味＿＿＿＿ 練習＿＿＿＿
3. □ people [píːpl]（ピープル） 意味＿＿＿＿ 練習＿＿＿＿
4. □ visit [vízit]（ヴィズィット） 意味＿＿＿＿ 練習＿＿＿＿
5. □ every year 意味＿＿＿＿ 練習＿＿＿＿
6. □ popular [pɑ́pjələr]（パピュラァ） 意味＿＿＿＿ 練習＿＿＿＿
7. □ find [fáind]（ファインド） 意味＿＿＿＿ 練習＿＿＿＿

STEP 2 ●中級

8. □ U.S.A. [júː ès éi]（ユー エス エイ） 意味＿＿＿＿ 練習＿＿＿＿
9. □ state [stéit]（ステイト） 意味＿＿＿＿ 練習＿＿＿＿
10. □ make up ～ 意味＿＿＿＿ 練習＿＿＿＿
11. □ capital [kǽpətl]（キャピトゥル） 意味＿＿＿＿ 練習＿＿＿＿
12. □ be popular among ～ 意味＿＿＿＿ 練習＿＿＿＿
13. □ place [pléis]（プレイス） 意味＿＿＿＿ 練習＿＿＿＿

STEP 3 ●上級

14. □ a large number of ～ 意味＿＿＿＿ 練習＿＿＿＿
15. □ tourist [túərist]（トゥアリスト） 意味＿＿＿＿ 練習＿＿＿＿

単語・熟語の意味

1. □ 名 国，国家
2. □ 形 名 日本の，日本語
3. □ 名 人々
4. □ 動 訪れる，訪ねる
5. □ 熟 毎年
6. □ 形 人気のある，評判の
7. □ 動 見つける，見い出す
8. □ 名 アメリカ合衆国
9. □ 名 州
10. □ 熟 ～を作りあげる
11. □ 名 首都
12. □ 熟 ～に人気がある
13. □ 名 場所，所
14. □ 熟 とても多くの～
15. □ 名 観光客，旅行者

1 U.S.A. アメリカ合衆国

解答・考え方は別冊 P.11・12

月　日

点

☆☆☆次の英文を読んで，あとの設問に答えなさい。 (20点×5)

The United States of America(U.S.A.) is a very large country. Fifty states make up this country. The capital of the U.S.A. is Washington, D.C.

❶A lot of Japanese people visit this country every year. New York, Los Angeles, San Francisco and Hawaii are popular among ❷Japanese people.

In Hawaii you can find a large number of tourists from Japan. You can use ❸Japanese in some places.

55

(1) 熟語の知識 下線部❶を日本文になおしなさい。

(　　　　　　　　　　　　　　　　　　　　)

(2) 意味の区別 下線部❷，❸の語の意味の違いを書きなさい。

(　　　　　　　　　　　　　　　　　　　　)

(3) 内容の理解 次の質問に英文で答えなさい。

(a) What is the capital of the United States of America?

____

(b) Can you use Japanese in some places in Hawaii?

____

(c) How many states does the U.S.A. have?

____

ポイント

(1) a lot of, every year に注意する。

左ページを見よ

(2)まず形容詞か名詞かに注意する。

左ページを見よ

(3)質問の意味は次の通り。

(a)「アメリカの首都はどこですか」

(b)「ハワイのいくつかの場所では日本語が使えますか」

(c)「アメリカには州がいくつありますか」

Traveling Abroad 海外旅行

単語・熟語の解説は別冊 P.12

意味 意味を書いてみましょう。 練習 つづりの練習をして覚えましょう。

STEP1 ●基礎

1 □ **Excuse me.** 意味＿＿＿＿ 練習＿＿＿＿

2 □ **well** [wél]（ウェル） 意味＿＿＿＿ 練習＿＿＿＿

3 □ **get on (～)** 意味＿＿＿＿ 練習＿＿＿＿

4 □ **red** [réd]（レッド） 意味＿＿＿＿ 練習＿＿＿＿

5 □ **get off (～)** 意味＿＿＿＿ 練習＿＿＿＿

6 □ **park** [pɑ́ːrk]（パーク） 意味＿＿＿＿ 練習＿＿＿＿

7 □ **far** [fɑ́ːr]（ファー） 意味＿＿＿＿ 練習＿＿＿＿

8 □ **about** [əbáut]（アバウト） 意味＿＿＿＿ 練習＿＿＿＿

9 □ **walk** [wɔ́ːk]（ウォーク） 意味＿＿＿＿ 練習＿＿＿＿

10 □ **again** [əgén]（アゲン） 意味＿＿＿＿ 練習＿＿＿＿

STEP2 ●中級

11 □ **get to ～** 意味＿＿＿＿ 練習＿＿＿＿

12 □ **stop** [stɑ́p]（スタップ） 意味＿＿＿＿ 練習＿＿＿＿

13 □ **easily** [íːzili]（イーズィリィ） 意味＿＿＿＿ 練習＿＿＿＿

14 □ **I see.** 意味＿＿＿＿ 練習＿＿＿＿

STEP3 ●上級

15 □ **museum** [mjuːzíːəm]（ミューズィーアム） 意味＿＿＿＿ 練習＿＿＿＿

単語・熟語の意味

1 □ 熟 失礼ですが。
2 □ 間 そうですね，ええと
3 □ 熟 (～に)乗る
4 □ 形 赤い
5 □ 熟 (～から)降りる
6 □ 名 公園
7 □ 形 遠い
8 □ 副 およそ，約
9 □ 名 歩き，道のり
10 □ 副 再び，もう一度
11 □ 熟 ～に到着する
12 □ 名 停留所
13 □ 副 容易に，簡単に
14 □ 熟 わかりました。
15 □ 名 博物館，美術館

2 U.K. イギリス

月　日　点

解答・考え方は別冊 P.12

☆☆次の英文を読んで，あとの設問に答えなさい。(20点×5)

ロンドンを旅行中の日本人が道をたずねています。

Japanese : Excuse me.

Englishman : Yes?

Japanese : ❶How can I get to the British Museum?

Englishman : Well, get on that red bus, and get off at the fourth stop. You can find it easily.

Japanese : Thank you. ❷Is Hyde Park near the British Museum?

Englishman : Well, it's not very far, but it takes about twenty minutes' walk.

Japanese : I see. Thank you again.

[注] the Hyde Park：ハイドパーク（ロンドンの大公園）
the British Museum：大英博物館

(1) 熟語などの知識　下線部❶・❷を日本文になおしなさい。

❶ (　　　　　　　　　　　　　　　　)

❷ (　　　　　　　　　　　　　　　　)

(2) 内容の理解　本文の内容と合うように，Ⓐ～Ⓒの(　)に適する数字や日本語を書きなさい。

ここから大英博物館へ行くにはまずⒶ(　　　　　)色のバスに乗って，Ⓑ(　　　　　)の停留所で降ります。そうすると簡単に見つかります。
ハイドパークはそこからそれほど遠くはありませんが，歩いて約Ⓒ(　　　　　)分かかります。

ポイント

(1)❶ get to ～の意味は何か。

左ページを見よ

❷ be 動詞の疑問文になる。

チェック5

(2)Ⓐ・Ⓑ英文4～5行目に注目する。
Ⓒ英文8～9行目に注目する。

Traveling Abroad 海外旅行

単語・熟語の解説は別冊 P.12・13

意味 意味を書いてみましょう。 練習 つづりの練習をして覚えましょう。

STEP 1 ●基礎

1 □ village [vílidʒ] (ヴィレッヂ) 意味＿＿＿＿ 練習＿＿＿＿

2 □ as [ǽz] (アズ) 意味＿＿＿＿ 練習＿＿＿＿

3 □ look at ～ 意味＿＿＿＿ 練習＿＿＿＿

4 □ right [ráit] (ライト) 意味＿＿＿＿ 練習＿＿＿＿

STEP 2 ●中級

5 □ mean [míːn] (ミーン) 意味＿＿＿＿ 練習＿＿＿＿

6 □ official [əfíʃəl] (オフィシャル) 意味＿＿＿＿ 練習＿＿＿＿

7 □ national [nǽʃənəl] (ナショナル) 意味＿＿＿＿ 練習＿＿＿＿

8 □ flag [flǽg] (フラッグ) 意味＿＿＿＿ 練習＿＿＿＿

9 □ leaf [líːf] (リーフ) 意味＿＿＿＿ 練習＿＿＿＿

10 □ Pacific [pəsífik] (パスィフィック) 意味＿＿＿＿ 練習＿＿＿＿

11 □ ocean [óuʃən] (オウシャン) 意味＿＿＿＿ 練習＿＿＿＿

12 □ Atlantic [ətlǽntik] (アトランティック) 意味＿＿＿＿ 練習＿＿＿＿

STEP 3 ●上級

13 □ native [néitiv] (ネイティヴ) 意味＿＿＿＿ 練習＿＿＿＿

14 □ maple [méipl] (メイプル) 意味＿＿＿＿ 練習＿＿＿＿

15 □ stand for ～ 意味＿＿＿＿ 練習＿＿＿＿

単語・熟語の意味

1 □ 名 村
2 □ 前 ～として
3 □ 熟 ～を見る
4 □ 名 右，右側
5 □ 動 意味する，表す
6 □ 形 公用の，公式の
7 □ 形 国家の，国の
8 □ 名 旗
9 □ 名 葉
10 □ 形 太平洋の
11 □ 名 海，海洋
12 □ 形 大西洋の
13 □ 形 先住民の
14 □ 名 カエデ，モミジ
15 □ 熟 ～を表す

3 CANADA カナダ

月	日
	点

解答・考え方は別冊 P.13

☆☆次の英文を読んで，あとの設問に答えなさい。 (20点×5)

The name of Canada comes from "kanata." This word means "village" in an old native language.

People in Canada speak English and French as official languages. The capital of Canada is Ottawa, not Toronto or Vancouver.

Look at the flag on the right. It is the national flag of Canada. The maple leaf is the symbol of Canada. The red belts on the two sides stand for the Pacific Ocean and the Atlantic Ocean.

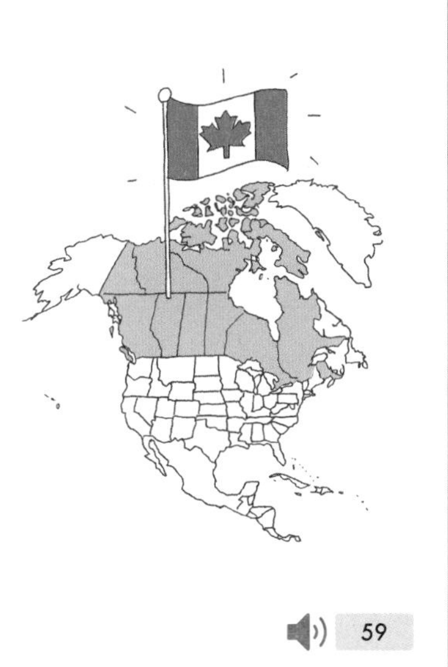

59

◎ 内容の理解 (a)～(c)は英文で，(d)・(e)は日本語で答えなさい。

(a) What does the word "kanata" mean in an old native language?

____

(b) What are the official languages of Canada?

____

(c) What is the capital of Canada?

____

(d) カナダ国旗でカナダの象徴となっているものは何ですか。

(　　　　　　　　　　　　　　　　　　　　)

(e) カナダ国旗の両端の赤い帯は何を表していますか。

(　　　　　　　　　　　　　　　　　　　　)

ポイント

(a) 1～3行目に注目。
(b) 4～5行目に注目。
(c) 5～6行目に注目。
(d) 8～9行目に注目。
(e)最後の文に注目。

Traveling Abroad 海外旅行

単語・熟語の解説は別冊 P.13

意味 意味を書いてみましょう。 練習 つづりの練習をして覚えましょう。

STEP1 ●基礎

1 □ season [síːzn]（スィーズン） 意味＿＿＿＿ 練習＿＿＿＿

2 □ hot [hɑ́t]（ハット） 意味＿＿＿＿ 練習＿＿＿＿

3 □ animal [ǽnəməl]（アニマル） 意味＿＿＿＿ 練習＿＿＿＿

STEP2 ●中級

4 □ Australia [ɔːstréiljə]（オーストゥレイリャ） 意味＿＿＿＿ 練習＿＿＿＿

5 □ continent [kɑ́ntinənt]（カンティネント） 意味＿＿＿＿ 練習＿＿＿＿

6 □ desert [dézərt]（デザァト） 意味＿＿＿＿ 練習＿＿＿＿

7 □ eastern [íːstərn]（イースタァン） 意味＿＿＿＿ 練習＿＿＿＿

8 □ coast [kóust]（コウスト） 意味＿＿＿＿ 練習＿＿＿＿

9 □ southern [sʌ́ðərn]（サザァン） 意味＿＿＿＿ 練習＿＿＿＿

10 □ opposite [ɑ́pəzit]（アポズィット） 意味＿＿＿＿ 練習＿＿＿＿

11 □ Christmas [krísməs]（クリスマス） 意味＿＿＿＿ 練習＿＿＿＿

STEP3 ●上級

12 □ hemisphere [hémisfiər]（ヘミスフィア） 意味＿＿＿＿ 練習＿＿＿＿

13 □ kangaroo [kæ̀ŋgərúː]（キャンガルー） 意味＿＿＿＿ 練習＿＿＿＿

14 □ koala [kouɑ́ːlə]（コウアーラ） 意味＿＿＿＿ 練習＿＿＿＿

15 □ rare [réər]（レア） 意味＿＿＿＿ 練習＿＿＿＿

単語・熟語の意味

1 □ 名 季節
2 □ 形 暑い，熱い
3 □ 名 動物
4 □ 名 オーストラリア
5 □ 名 大陸
6 □ 名 砂漠
7 □ 形 東の，東方の
8 □ 名 海岸，沿岸
9 □ 形 南の，南方の
10 □ 前 ～と反対の
11 □ 名 クリスマス
12 □ 名 半球
13 □ 名 カンガルー
14 □ 名 コアラ
15 □ 形 めずらしい

4 AUSTRALIA オーストラリア

解答・考え方は別冊 P.13・14

月　　日

点

☆☆ 次の英文を読んで，あとの設問に答えなさい。 (20点×5)

Australia is a small continent, but it is a very large country. Much of the country is desert, and many people live on the eastern coast.

Australia is in the Southern Hemisphere, and the seasons are opposite those of Japan. So you can enjoy a <u>hot</u> Christmas in summer.

You can see animals like kangaroos and koalas in this country. These animals are rare in other countries.

(1) 語の理解 下線部でわざわざ hot と使っている理由を，日本語で簡単に書きなさい。

(　　　　　　　　　　　　　　　　)

(2) 内容の理解 次の質問に，(a)・(b)は英文で，(c)・(d)は日本語で答えなさい。

(a) Is Australia a small country?

____

(b) Where do many Australian people live?

____

(c) オーストラリアの国土の多くは何だと言っていますか。

(　　　　　　　　　　　　　　　　)

(d) オーストラリアと日本の季節が反対なのはなぜですか。

(　　　　　　　　　　　　　　　　)

ポイント

(1)日本のクリスマスのころのようすを思い浮かべてみよう。

(2)(a)「オーストラリアは小さな国ですか」

(b)「オーストラリアの人々の多くはどこに住んでいますか」

(c)第2文に注目する。

(d)4～5行目に注目する。

Traveling Abroad 海外旅行

単語・熟語の解説は別冊 P.14

意味 意味を書いてみましょう。練習 つづりの練習をして覚えましょう。

STEP1 ●基礎

1 □ bird [bə́ːrd] (バード) 意味____ 練習____

2 □ fly [flái] (フライ) 意味____ 練習____

STEP2 ●中級

3 □ south [sáuθ] (サウス) 意味____ 練習____

4 □ island [áilənd] (アイランド) 意味____ 練習____

5 □ north [nɔ́ːrθ] (ノース) 意味____ 練習____

6 □ strange [stréindʒ] (ストゥレインヂ) 意味____ 練習____

7 □ one of ～ 意味____ 練習____

8 □ wing [wíŋ] (ウィング) 意味____ 練習____

9 □ few [fjúː] (フュー) 意味____ 練習____

10 □ dangerous [déindʒərəs] (デインヂャラス) 意味____ 練習____

11 □ cattle [kǽtl] (キャトゥル) 意味____ 練習____

12 □ Why don't you ～? 意味____ 練習____

13 □ in the near future 意味____ 練習____

STEP3 ●上級

14 □ kiwi [kíːwiː] (キーウィー) 意味____ 練習____

15 □ safely [séifli] (セイフリィ) 意味____ 練習____

単語・熟語の意味

1 □ 名 鳥
2 □ 動 飛ぶ
3 □ 名形 南(の)
4 □ 名 島
5 □ 名形 北(の)
6 □ 形 奇妙な，変な
7 □ 熟 ～の1つ
8 □ 名 翼
9 □ 形 ほとんど～ない
10 □ 形 危険な
11 □ 名 (集合的に)牛
12 □ 熟 ～してみませんか。
13 □ 熟 近い将来(に)
14 □ 名 キーウィ
15 □ 副 安全に，無事に

5 NEW ZEALAND ニュージーランド

解答・考え方は別冊 P.14

月　日

点

☆☆次の英文を読んで，あとの設問に答えなさい。　(20点×5)

New Zealand is a country in the South Pacific. It has two large islands — the North Island and the South Island.

You can see some strange birds there. One of ❶them is the kiwi. This bird has no wings and cannot fly. But ❷it can live safely. Few dangerous animals live in New Zealand.

New Zealand is also a country of sheep and cattle. Why don't you visit this country and meet ❸them in the near future?

63

(1) 代名詞が指す語　下線部❶・❸が指す語をそれぞれ文中の3語で書き出しなさい。

❶ ＿＿＿＿＿＿＿＿

❸ ＿＿＿＿＿＿＿＿

(2) 内容の理解　なぜ下線部❷のように言えるのか，その理由を日本語で簡単に説明しなさい。

(　　　　　　　　　　　　)

(3) 内容の理解　本文の内容と合うものを2つ選び，○をつけなさい。

ア〔　〕ニュージーランドは大西洋の中にある。

イ〔　〕ニュージーランドには大きな島が2つある。

ウ〔　〕キーウィは翼がなく，飛ぶことができない。

エ〔　〕ニュージーランドでヒツジや牛を見かけることはまずない。

ポイント

(1)どちらも直前の文に注目する。them とあるのだから，1つではないことに注意する。

(2)「安全」な理由はその直後の文で述べられている。

(3)**ア** 1行目に注目する。

イ 2～3行目に注目する。

ウ 5～6行目に注目する。

エ 8～9行目に注目する。

まとめて覚えよう 2

64

曜日・月・季節・寒暖

曜日

Sunday
サンデイ
[sʌ́ndei]

日曜日

Monday
マンデイ
[mʌ́ndei]

月曜日

Tuesday
トゥーズデイ
[t(j)ú:zdei]

火曜日

月

January
チャニュエリィ
[dʒǽnjuèri]

1月

February
フェブルエリィ
[fébruèri]

2月

March
マーチ
[mɑ́:*r*tʃ]

3月

April
エイプリル
[éiprəl]

4月

May
メイ
[méi]

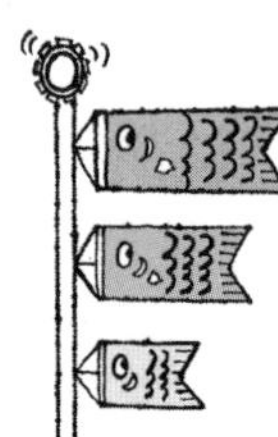

5月

June
チューン
[dʒú:n]

6月

季節

spring
スプリング
[spríŋ]

春

summer
サマァ
[sʌ́mə*r*]

夏

fall
フォール
[fɔ́:l]

秋

winter
ウィンタァ
[wíntə*r*]

冬

Wednesday
ウェンズデイ
[wénzdei]

水曜日

Thursday
サーズデイ
[θə́ːrzdei]

木曜日

Friday
フライデイ
[fráidei]

金曜日

Saturday
サタデイ
[sǽtərdei]

土曜日

July
ヂュライ
[dʒulái]

7月

August
オーガスト
[ɔ́ːgəst]

8月

September
セプテンバァ
[septémbər]

9月

October
アクトウバァ
[ɑktóubər]

10月

November
ノウヴェンバァ
[nouvémbər]

11月

December
ディセンバァ
[disémbər]

12月

寒暖

warm
ウォーム
[wɔ́ːrm]

暖かい

hot
ハット
[hɑ́t]

暑い

cool
クール
[kúːl]

すずしい

cold
コウルド
[kóuld]

寒い

セクション 5 まとめのテスト

海外旅行

月　日

点

解答は別冊 P.14・15

1 次の英語は日本語に，日本語は英語になおしなさい。 （2点×16）

(1) strange （　　　）　(2) Christmas （　　　）

(3) language （　　　）　(4) ocean （　　　）

(5) again （　　　）　(6) popular （　　　）

(7) find （　　　）　(8) wing （　　　）

(9) 鳥 ＿＿＿＿　(10) 動物 ＿＿＿＿

(11) 公園 ＿＿＿＿　(12) 国 ＿＿＿＿

(13) 訪れる ＿＿＿＿　(14) 飛ぶ ＿＿＿＿

(15) 暑い ＿＿＿＿　(16) 右 ＿＿＿＿

2 次の AB と CD の関係がほぼ同じになるように，D に適語を入れなさい。 （2点×5）

	A	B	C	D
(1)	pencil	pencils	leaf	＿＿＿＿
(2)	go	come	get on	get ＿＿＿＿
(3)	January	month	spring	＿＿＿＿
(4)	south	north	west	＿＿＿＿
(5)	bus	buses	sheep	＿＿＿＿

3 次の語群を，日本文に合うように並べかえなさい。 （8点×2）

(1) この本は日本の人たちにとても人気があります。

(very / among / book / popular / this / people / is / Japanese / .)

＿＿＿＿＿＿＿＿＿＿＿＿＿＿＿＿

(2) あなたはその本を簡単に見つけることができますか。

(you / the / easily / find / can / book / ?)

＿＿＿＿＿＿＿＿＿＿＿＿＿＿＿＿

4 次の英文を読んで，あとの設問に答えなさい。 （7点×6）

ホワイトさん一家が新幹線で京都に向かっています。

Tom : Look [❶] that mountain. It's so beautiful.

Mr. White : Yes. That is Mt. Fuji.

Tom : ❷How high is it?

Mr. White : It's 3,776 meters high, and it's the highest mountain in Japan.

Mrs. White : What [❸] do we get to Kyoto?

Mr. White : A little before noon, so let's have lunch near the station first.

Mrs. White : OK.

［注］ mountain：山　so：とても，だから　Mt. ～：～山　high：高い，～の高さの　meter：メートル　highest：最も高い　a little：少し　before noon：正午前　lunch：昼食　station：駅

67

(1) [❶] にあてはまる語を書きなさい。

____

(2) 下線部❷を，it が指す内容を明らかにして日本文になおしなさい。

(　　　　　　　　　　　　　　　　　　　　)

(3) [❸] に適する語を下から1つ選んで書きなさい。

____

[day　time　week　month]

(4) 次の質問に日本語で簡単に答えなさい。

(a) ホワイト氏は富士山のことをどのように説明していますか。

(　　　　　　　　　　　　　　　　　　　　)

(b) ホワイトさん一家が京都に着くのはいつですか。

(　　　　　　　　　　　　　　　　　　　　)

(c) ホワイトさん一家は京都に着いたら，まず何をする予定ですか。

(　　　　　　　　　　　　　　　　　　　　)

Let's go shopping. 買い物に出かけよう

単語・熟語の解説は別冊 P.15

意味 意味を書いてみましょう。 練習 つづりの練習をして覚えましょう。

STEP 1 ●基礎

1 □ this evening 意味＿＿＿ 練習＿＿＿

2 □ buy [bái]（バイ） 意味＿＿＿ 練習＿＿＿

3 □ food [fú:d]（フード） 意味＿＿＿ 練習＿＿＿

4 □ want [wánt]（ワント） 意味＿＿＿ 練習＿＿＿

5 □ where [hwéər]（ホウェア） 意味＿＿＿ 練習＿＿＿

6 □ get [gét]（ゲット） 意味＿＿＿ 練習＿＿＿

7 □ fruit [frú:t]（フルート） 意味＿＿＿ 練習＿＿＿

8 □ just [dʒʌ́st]（チャスト） 意味＿＿＿ 練習＿＿＿

STEP 2 ●中級

9 □ birthday [bə́:rθdèi]（バースデイ） 意味＿＿＿ 練習＿＿＿

10 □ some of ～ 意味＿＿＿ 練習＿＿＿

11 □ come over to ～ 意味＿＿＿ 練習＿＿＿

12 □ chicken [tʃíkin]（チキン） 意味＿＿＿ 練習＿＿＿

13 □ over there 意味＿＿＿ 練習＿＿＿

STEP 3 ●上級

14 □ delicious [dilíʃəs]（ディリシャス） 意味＿＿＿ 練習＿＿＿

15 □ banana [bənǽnə]（バナナ） 意味＿＿＿ 練習＿＿＿

単語・熟語の意味

1 □ 熟 今晩
2 □ 動 買う
3 □ 名 食べ物
4 □ 動 ほしい，欲する
5 □ 副 どこで〔に，へ〕
6 □ 動 手に入れる，買う
7 □ 名 くだもの
8 □ 副 ほんの，ちょうど
9 □ 名 誕生日
10 □ 熟 ～の何人か
11 □ 熟 ～へやって来る
12 □ 名 とり肉
13 □ 熟 向こうに，あそこに
14 □ 形 うまい，おいしい
15 □ 名 バナナ

1 AT THE SUPERMARKET スーパーマーケットで

解答・考え方は別冊 P.15

月　日
点

☆☆次の英文を読んで，あとの設問に答えなさい。　(20点×5)

ホワイト夫人がジェーンとスーパーマーケットに買い物に来ています。

Mrs. White : Today is Tom's birthday. ❶<u>Some of his friends are coming over to our house this evening.</u> Let's buy some delicious food, Jane.

Jane : Sounds good. I want chicken.

Mrs. White : O.K. Excuse me, but where can I ❷<u>get</u> chicken ... and fruit?

Salesclerk : Just over there.

Mrs. White : Thank you. Tom likes apples. Do you like apples, Jane?

Jane : Yes, I like bananas, .

69

(1) 熟語の知識　下線部❶を日本文になおしなさい。

(　　　　　　　　　　　　　　　　　　　　)

(2) 単語の知識　下線部❷と同じ意味の語を書き出しなさい。

＿＿＿＿＿＿＿＿

(3) 単語の知識　❸ にあてはまる語を次から１つ選びなさい。

ア　one　　　イ　too　　　ウ　two

(4) 内容の理解　次の質問に英文で答えなさい。

(a) Whose birthday is today?

＿＿＿＿＿＿＿＿＿＿＿＿＿＿＿＿＿＿＿＿

(b) Does Jane like apples?

＿＿＿＿＿＿＿＿＿＿＿＿＿＿＿＿＿＿＿＿

(1) some of や this evening の意味に注意する。

左ページを見よ

(2)「買う」の意味。

左ページを見よ

(3)「～もまた」の意味を表すもの。

チェック2

(4)(a)「今日はだれの誕生日ですか」

チェック21

(b)「ジェーンはリンゴが好きですか」

チェック19

70

Let's go shopping. 買い物に出かけよう

単語・熟語の解説は別冊 P.15・16

意味 意味を書いてみましょう。 練習 つづりの練習をして覚えましょう。

STEP 1 ●基礎

1 □ **sell** [sél] (セル) 意味＿＿＿＿ 練習＿＿＿＿

2 □ **wear** [wéər] (ウェア) 意味＿＿＿＿ 練習＿＿＿＿

3 □ **take** [téik] (テイク) 意味＿＿＿＿ 練習＿＿＿＿

4 □ **plan** [plǽn] (プラン) 意味＿＿＿＿ 練習＿＿＿＿

5 □ **after** [ǽftər] (アフタァ) 意味＿＿＿＿ 練習＿＿＿＿

6 □ **clothes** [klóuz] (クロウズ) 意味＿＿＿＿ 練習＿＿＿＿

7 □ **myself** [maisélf] (マイセルフ) 意味＿＿＿＿ 練習＿＿＿＿

STEP 2 ●中級

8 □ **Mrs.** [mísiz] (ミセズ) 意味＿＿＿＿ 練習＿＿＿＿

9 □ **floor** [flɔ́ːr] (フローァ) 意味＿＿＿＿ 練習＿＿＿＿

10 □ **Why not?** 意味＿＿＿＿ 練習＿＿＿＿

STEP 3 ●上級

11 □ **elevator** [éləvèitər] (エレヴェイタァ) 意味＿＿＿＿ 練習＿＿＿＿

12 □ **bargain** [bɑ́ːrgin] (バーゲン) 意味＿＿＿＿ 練習＿＿＿＿

13 □ **counter** [káuntər] (カウンタァ) 意味＿＿＿＿ 練習＿＿＿＿

14 □ **basement** [béismənt] (ベイスメント) 意味＿＿＿＿ 練習＿＿＿＿

15 □ **stay away from ～** 意味＿＿＿＿ 練習＿＿＿＿

単語・熟語の意味

1 □ 動 売る
2 □ 名 衣服，～着
3 □ 動 (乗り物に)乗る
4 □ 名 計画，案
5 □ 前 ～のあとで
6 □ 名 衣服
7 □ 代 私自身
8 □ 名 ～夫人
9 □ 名 (建物の)階
10 □ 熟 もちろん。喜んで。
11 □ 名 エレベーター
12 □ 名 買い得品
13 □ 名 カウンター，台
14 □ 名 地階，地下室
15 □ 熟 ～に近づかない

2 AT THE DEPARTMENT STORE デパートで

月	日
	点

解答・考え方は別冊 P.16

☆☆次の英文を読んで，あとの設問に答えなさい。 (20点×5)

ホワイト夫人は佐藤夫人とデパートに買い物に来ています。

Mrs. White : I want some T-shirts for Tom and Jane. Where can I find some?

Mrs. Sato : Oh, they sell children's wear on the ❶8th floor. Let's take an elevator.

Mrs. White : Yes. What's your plan after this?

Mrs. Sato : The bargain counters in the ❷2nd basement. I want some clothes for myself. Can you come with me?

Mrs. White : Why not? I can't stay away from "bargains" or "sales."

Mrs. Sato : I can't, either.

71

(1) 序数詞の読み方 下線部❶・❷を読む通りに英語で書きなさい。

❶ ＿＿＿＿＿＿＿＿＿＿

❷ ＿＿＿＿＿＿＿＿＿＿

(2) 内容の理解 本文の内容と合うものを３つ選び，○をつけなさい。

ア〔　　〕ホワイト夫人は子ども服売り場がどこにあるかもともと知っている。

イ〔　　〕２人は８階へエレベーターで行くことにした。

ウ〔　　〕佐藤夫人は特売場に行くつもりである。

エ〔　　〕ホワイト夫人は特売場へは行かないことにした。

オ〔　　〕ホワイト夫人・佐藤夫人ともに「バーゲン」や「セール」という言葉を聞くとつい行ってしまう。

ポイント

(1)❶基数に th をつけるだけではない。

チェック24

(2)ア英文２行目に注目。

イ英文３～５行目に注目。

ウ英文５～７行目に注目。

エ英文８～９行目に注目。

オ最後の３行に注目。

Let's go shopping. 買い物に出かけよう

単語・熟語の解説は別冊 P.16

意味 意味を書いてみましょう。 練習 つづりの練習をして覚えましょう。

STEP 1 ●基礎

1 □ Sure. [ʃúər] (シュア) 意味＿＿＿ 練習＿＿＿

2 □ of course 意味＿＿＿ 練習＿＿＿

3 □ How much ～? 意味＿＿＿ 練習＿＿＿

4 □ card [kɑ́ːrd] (カード) 意味＿＿＿ 練習＿＿＿

STEP 2 ●中級

5 □ Can I help you? 意味＿＿＿ 練習＿＿＿

6 □ mouse [máus] (マウス) 意味＿＿＿ 練習＿＿＿

7 □ PC [píːsíː] (ピースィー) 意味＿＿＿ 練習＿＿＿

8 □ mouse pad 意味＿＿＿ 練習＿＿＿

9 □ Here you are. 意味＿＿＿ 練習＿＿＿

10 □ yen [jén] (イエン) 意味＿＿＿ 練習＿＿＿

11 □ sir [sə́ːr] (サー) 意味＿＿＿ 練習＿＿＿

12 □ Certainly. [sə́ːrtnli] (サートゥンリィ) 意味＿＿＿ 練習＿＿＿

STEP 3 ●上級

13 □ clerk [klə́ːrk] (クラーク) 意味＿＿＿ 練習＿＿＿

14 □ altogether [ɔ̀ːltəgéðər] (オールトゥゲザァ) 意味＿＿＿ 練習＿＿＿

15 □ credit card 意味＿＿＿ 練習＿＿＿

単語･熟語の意味

1 □ 副 (返答で)もちろん。
2 □ 熟 もちろん
3 □ 熟 (値段が)いくら？
4 □ 名 カード
5 □ 熟 (店で)いらっしゃいませ。
6 □ 名 (パソコンの)マウス
7 □ 名 パソコン
8 □ 熟 マウスパッド
9 □ 熟 さあどうぞ。
10 □ 名 円
11 □ 名 (客などに対する敬称)
12 □ 副 (返答で)もちろん。
13 □ 名 店員
14 □ 副 全部で，合計で
15 □ 熟 クレジットカード

3 AT THE STATIONER'S 文房具店で

解答・考え方は別冊 P.16・17

月　日　点

☆☆ 次の英文を読んで，あとの設問に答えなさい。 (20点×5)

ホワイト氏が文房具店で買い物をしています。

Clerk : Can I help you?

Mr. White : Yes, please. Do you have a mouse for a PC?

Clerk : Sure. Here you are.

Mr. White : Thank you. I want a mouse pad, too. Do you have one?

Clerk : Yes, of course. ❶<u>Here you are.</u>

Mr. White : Good! ❷<u>How much is that altogether?</u>

Clerk : Five thousand five hundred yen, sir.

Mr. White : ❸<u>Can I use this credit card?</u>

Clerk : Certainly.

(1) 熟語などの知識　下線部❶～❸を日本文になおしなさい。

❶ (　　　　　　　　　　　　　　　　　　　　)

❷ (　　　　　　　　　　　　　　　　　　　　)

❸ (　　　　　　　　　　　　　　　　　　　　)

(2) 内容の理解　それぞれの質問に日本語で答えなさい。

(a) ホワイト氏がこの日文房具店で買ったものは何と何ですか。

(　　　　　　　　　　　　　　　　　　　　)

(b) ホワイト氏がこの買い物で支払った金額はいくらですか。

(　　　　　　　　　　　　　　　　　　　　)

ポイント

(1)❶物を差し出して言うときの表現。

左ページを見よ

❷ How much の意味に注意。

左ページを見よ

❸ can を文頭にもってきた疑問文である。 チェック32

(2)(a)英文2～3行目と5行目に注目。

(2)(b)英文9行目を数字を使って表す。

74

Let's go shopping. 買い物に出かけよう

単語・熟語の解説は別冊 P.17

意味 意味を書いてみましょう。 練習 つづりの練習をして覚えましょう。

STEP 1 ● 基礎

1 □ **cold** [kóuld]（コウルド） 意味＿＿＿ 練習＿＿＿

2 □ **nose** [nóuz]（ノウズ） 意味＿＿＿ 練習＿＿＿

3 □ **run** [rʌ́n]（ラン） 意味＿＿＿ 練習＿＿＿

4 □ **take** [téik]（テイク） 意味＿＿＿ 練習＿＿＿

5 □ **after** [ǽftər]（アフタァ） 意味＿＿＿ 練習＿＿＿

STEP 2 ● 中級

6 □ **What's wrong?** 意味＿＿＿ 練習＿＿＿

7 □ **throat** [θróut]（スロウト） 意味＿＿＿ 練習＿＿＿

8 □ **That's too bad.** 意味＿＿＿ 練習＿＿＿

9 □ **slight** [sláit]（スライト） 意味＿＿＿ 練習＿＿＿

10 □ **medicine** [médəsən]（メディスィン） 意味＿＿＿ 練習＿＿＿

11 □ **meal** [míːl]（ミール） 意味＿＿＿ 練習＿＿＿

STEP 3 ● 上級

12 □ **druggist** [drʌ́gist]（ドゥラッギスト） 意味＿＿＿ 練習＿＿＿

13 □ **sore** [sɔ́ːr]（ソーァ） 意味＿＿＿ 練習＿＿＿

14 □ **headache** [hédèik]（ヘデイク） 意味＿＿＿ 練習＿＿＿

15 □ **pill** [píl]（ピル） 意味＿＿＿ 練習＿＿＿

単語・熟語の意味

1 □ 名 かぜ
2 □ 名 鼻
3 □ 動 流れる
4 □ 動 (薬, 飲み物を)のむ
5 □ 前 ～のあとで〔に〕
6 □ 熟 どうしたのですか。
7 □ 名 のど
8 □ 熟 それはいけませんね。
9 □ 形 軽い, 少しの
10 □ 名 薬
11 □ 名 食事
12 □ 名 薬剤師, 薬屋の主人
13 □ 形 ひりひりする, 痛い
14 □ 名 頭痛
15 □ 名 丸薬(がんやく), 錠剤(じょうざい)

4 AT THE DRUGSTORE 薬屋で

解答・考え方は別冊 P.17

月　日

点

☆☆次の英文を読んで，あとの設問に答えなさい。 (20点×５)

体の調子のよくないトムが薬屋にかけこみました。

Druggist : What's wrong, Tom?

Tom : I have a cold. I have a sore throat, and also my nose is running.

Druggist : That's too bad. Do you have a headache?

Tom : Yes. A slight one.

Druggist : Take this medicine then. Take one pill after each meal.

Tom : O.K. Thank you very much.

(1) 慣用表現など　下線部を日本文になおしなさい。

(　　　　　　　　　　　　　　　　　　　　)

(2) 内容の理解　トムになったつもりで，次の質問に日本語で答えなさい。

(a) 具合が悪いようですが，何の病気ですか。

(　　　　　　　　　　　　　　　　　　　　)

(b) のどや鼻の具合はどうですか。

(　　　　　　　　　　　　　　　　　　　　)

(c) 頭痛はしますか。

(　　　　　　　　　　　　　　　　　　　　)

(d) 薬剤師からはどんな指示を受けましたか。

(　　　　　　　　　　　　　　　　　　　　)

ポイント

(1)決まった言い方で，このまま覚える。

左ページを見よ

(2)(a)英文２行目に注目。

(b)英文２～３行目に注目。

(c)英文４～６行目に注目。

(d)英文７～８行目に注目。

Let's go shopping. 買い物に出かけよう

単語・熟語の解説は別冊 P.17

意味 意味を書いてみましょう。 練習 つづりの練習をして覚えましょう。

STEP 1 ●基礎

1 □ space [spéis]（スペイス） 意味＿＿＿ 練習＿＿＿

2 □ be interested in ～ 意味＿＿＿ 練習＿＿＿

3 □ great [gréit]（グレイト） 意味＿＿＿ 練習＿＿＿

4 □ already [ɔːlrédi]（オールレディ） 意味＿＿＿ 練習＿＿＿

5 □ arrive [əráiv]（アライヴ） 意味＿＿＿ 練習＿＿＿

6 □ next week 意味＿＿＿ 練習＿＿＿

7 □ wait [wéit]（ウェイト） 意味＿＿＿ 練習＿＿＿

8 □ until [əntíl]（アンティル） 意味＿＿＿ 練習＿＿＿

9 □ then [ðén]（ゼン） 意味＿＿＿ 練習＿＿＿

STEP 2 ●中級

10 □ DVD [díːvìːdíː]（ディーヴィーディー） 意味＿＿＿ 練習＿＿＿

11 □ How about ～? 意味＿＿＿ 練習＿＿＿

STEP 3 ●上級

12 □ telescope [téləskòup]（テレスコウプ） 意味＿＿＿ 練習＿＿＿

13 □ disc [dísk]（ディスク） 意味＿＿＿ 練習＿＿＿

14 □ version [və́ːrʒən]（ヴァージョン） 意味＿＿＿ 練習＿＿＿

15 □ on sale 意味＿＿＿ 練習＿＿＿

単語・熟語の意味

1 □ 名 宇宙(空間)
2 □ 熟 ～に興味がある
3 □ 形 すばらしい
4 □ 副 すでに，もう
5 □ 動 着く
6 □ 熟 来週
7 □ 動 待つ
8 □ 前 ～まで(ずっと)
9 □ 名 そのとき
10 □ 名 DVD
11 □ 熟 ～はいかがですか。
12 □ 名 望遠鏡
13 □ 名 ディスク，円盤
14 □ 名 ～版，バージョン
15 □ 熟 売りに出されて

5 AT THE DVD SHOP DVDショップで

解答・考え方は別冊 P.17・18

月　日

点

☆☆次の英文を読んで，あとの設問に答えなさい。　(25点×4)

トムはDVDショップに来ています。

Tom : Do you have any DVDs about ❶space? ❷I'm very interested in space.

Clerk : How about this one? This DVD has a lot of beautiful pictures from the Hubble Space Telescope.

Tom : Great! I want this one ..., but don't you have any in Blu-ray Disc?

Clerk : Well, the Blu-ray version is already on sale, and it's arriving next week. Can you wait until then?

Tom : Of course I can.

[注] the Hubble Space Telescope : ハッブル宇宙望遠鏡

77

(1) 単語の知識　下線部❶と同じ意味のものを選びなさい。

ア Can people live in space?

イ This house has a lot of space.

ウ Can you make space for me?

(2) 熟語の知識　下線部❷とほぼ同じ内容になるように，空所を補いなさい。

Space is very ＿＿＿＿＿ to me.

(3) 内容の理解　それぞれの質問に日本語で答えなさい。

(a) 店員がすすめたDVDには何が入っていますか。

(　　　　　　　　　　)

(b) トムはいつまで何を待つことにしたのですか。

(　　　　　　　　　　)

ポイント

(1)あとに続く対話の内容からこのspaceは「宇宙」の意味。

(2)「宇宙は私にとってとてもおもしろい」の意味の文にする。

(3)(a)英文3～5行目に注目。

(b)英文8～10行目に注目。

セクション 6 まとめのテスト

買い物に出かけよう

月　日

点

解答は別冊 P.18

1 次の英語は日本語に，日本語は英語になおしなさい。 （2点×16）

(1) fruit (　　　)　(2) birthday (　　　)
(3) apple (　　　)　(4) food (　　　)
(5) clothes (　　　)　(6) meal (　　　)
(7) medicine (　　　)　(8) of course (　　　)
(9) 待つ ＿＿＿＿　(10) かぜ ＿＿＿＿
(11) 計画，案 ＿＿＿＿　(12) 鼻 ＿＿＿＿
(13) カード ＿＿＿＿　(14) ～のあとで ＿＿＿＿
(15) ～まで ＿＿＿＿　(16) ほしい ＿＿＿＿

2 次の AB と CD の関係がほぼ同じになるように，D に適語を入れなさい。 （2点×5）

	A	B	C	D
(1)	write	read	sell	＿＿＿＿
(2)	too	two	write	＿＿＿＿
(3)	box	boxes	child	＿＿＿＿
(4)	one	first	five	＿＿＿＿
(5)	mother	father	Mrs.	＿＿＿＿

3 次の語群を，日本文に合うように並べかえなさい。 （8点×2）

(1) 私はひどい頭痛がします。

(have / a / I / headache / bad / .)

＿＿＿＿＿＿＿＿＿＿＿＿＿＿＿＿

(2) その学生の何人かはフランス語を話せます。

(of / some / French / students / speak / can / the / .)

＿＿＿＿＿＿＿＿＿＿＿＿＿＿＿＿

4 次の英文を読んで，あとの設問に答えなさい。 （7点×6）

トムが父親とパソコンショップで買い物をしています。

Tom : Is this a new model?

Clerk : ❶Yes. This PC is very good — it works very fast and has a lot of memory.

Tom : How [❷] is it?

Clerk : Just 100,000 yen.

Tom : Oh, it's too expensive for me. What do you think, Dad?

Dad : ❸I think you're right.

Clerk : OK, then how about 120,000 yen for both the PC and a tablet?

Dad : That's good. I use the tablet and you use the PC.

Tom : Great. Thank you, Dad.

［注］ model：型　fast：速く　memory：メモリー，記憶容量
too expensive：高すぎる　think(...)：(…だと)思う，考える　dad：お父さん
right：正しい　both ～ and ...：～と…の両方　tablet：タブレット

79

(1) 下線部❶の Yes. はどういうことに対して言ったものか，日本語で書きなさい。

（　　　　　　　　　　　　　　　　　　　　　　　　　　　）

(2) [❷] に適する語を1語書きなさい。

____

(3) 下線部❸で父親が言いたかったことを，次の日本文を補って完成しなさい。

パソコン1台が(　　　　　　　　　　　　　　　　)ということ。

(4) 次の質問に日本語で答えなさい。

(a) 店員がすすめたパソコンはどのような利点があると言っていますか。

（　　　　　　　　　　　　　　　　　　　　　　　　　　　）

(b) 結局，何をいくらで買うことになりましたか。

（　　　　　　　　　　　　　　　　　　　　　　　　　　　）

(c) 買ったものは，だれが何を使うと言っていますか。

（　　　　　　　　　　　　　　　　　　　　　　　　　　　）

Letters and E-mails 手紙やメールを書こう

単語・熟語の解説は別冊 P.18・19

意味 意味を書いてみましょう。練習 つづりの練習をして覚えましょう。

STEP 1 ●基礎

1 □ dear [díər] (ディア) 意味＿＿＿ 練習＿＿＿

2 □ here [híər] (ヒア) 意味＿＿＿ 練習＿＿＿

3 □ yesterday [jéstərdei] (イエスタデイ) 意味＿＿＿ 練習＿＿＿

4 □ enjoy [indʒɔ́i] (インヂョイ) 意味＿＿＿ 練習＿＿＿

5 □ last [lǽst] (ラスト) 意味＿＿＿ 練習＿＿＿

6 □ night [náit] (ナイト) 意味＿＿＿ 練習＿＿＿

7 □ talk [tɔ́ːk] (トーク) 意味＿＿＿ 練習＿＿＿

8 □ hour [áuər] (アウア) 意味＿＿＿ 練習＿＿＿

9 □ soon [súːn] (スーン) 意味＿＿＿ 練習＿＿＿

STEP 2 ●中級

10 □ had [hǽd] (ハッド) 意味＿＿＿ 練習＿＿＿

11 □ have a good time 意味＿＿＿ 練習＿＿＿

12 □ write to ～ 意味＿＿＿ 練習＿＿＿

STEP 3 ●上級

13 □ flight [fláit] (フライト) 意味＿＿＿ 練習＿＿＿

14 □ want to ～ 意味＿＿＿ 練習＿＿＿

15 □ some day 意味＿＿＿ 練習＿＿＿

単語・熟語の意味

1 □ 形 親愛な，～様
2 □ 副 ここに，ここで
3 □ 副 昨日(は)
4 □ 動 楽しむ
5 □ 形 この前の，昨～
6 □ 名 夜，晩
7 □ 動 話す，しゃべる
8 □ 名 1時間
9 □ 副 すぐに，間もなく
10 □ 動 have の過去形
11 □ 熟 楽しい時を過ごす
12 □ 熟 ～に手紙を書く
13 □ 名 飛行，飛行機旅行
14 □ 熟 ～したい
15 □ 熟 いつか，いつの日か

1 A LETTER FROM TOM ① トムからの手紙 ①

月　日

点

解答・考え方は別冊 P.19

☆☆次の英文を読んで，あとの設問に答えなさい。 (20点×5)

夏休みで家族と一時帰国しているトムから遼に手紙が来ました。

August 1, 2021

[❶] Ryo,

I arrived here yesterday. I enjoyed my flight very much. ❷It's very hot here in Lake Forest. Some of my friends visited me last night. I talked about my life in Japan for many hours. ❸We had a very good time. They all want to go to Japan some day.

Please write to me soon.

Your friend,

Tom

81

(1) 手紙の書き方 [❶] にあてはまる語を次から１つ選びなさい。

ア So　　イ Dear　　ウ Sure　　エ To

(2) 熟語などの知識 下線部❷・❸を日本文になおしなさい。

❷ (　　　　　　　　　　　　　　　)

❸ (　　　　　　　　　　　　　　　)

(3) 内容の理解 それぞれの質問に日本語で答えなさい。

(a) トムがふるさとに着いた年月日を書きなさい。

(　　　　　　　　　　　　　　　)

(b) トムに会いに来た友人は何をしたいと思っていますか。

(　　　　　　　　　　　　　　　)

ポイント

(1)日本語の「拝啓」にあたる表現。

(2)❷ It は寒暖を表すもの。日本語に訳す必要はない。

チェック24

❸ have a good time の意味は？

左ページを見よ

(3)(a)手紙の日付を参考にして考える。

82

Letters and E-mails 手紙やメールを書こう

単語・熟語の解説は別冊 P.19

意味 意味を書いてみましょう。 練習 つづりの練習をして覚えましょう。

STEP 1 ● 基礎

1 □ **last week** 意味＿＿＿＿ 練習＿＿＿＿

2 □ **invite** [inváit] (インヴァイト) 意味＿＿＿＿ 練習＿＿＿＿

3 □ **during** [d(j)úəriŋ] (ドゥアリング) 意味＿＿＿＿ 練習＿＿＿＿

4 □ **next** [nékst] (ネクスト) 意味＿＿＿＿ 練習＿＿＿＿

5 □ **winter** [wíntər] (ウィンタァ) 意味＿＿＿＿ 練習＿＿＿＿

6 □ **farm** [fɑ́ːrm] (ファーム) 意味＿＿＿＿ 練習＿＿＿＿

7 □ **drink** [dríŋk] (ドゥリンク) 意味＿＿＿＿ 練習＿＿＿＿

8 □ **come back** 意味＿＿＿＿ 練習＿＿＿＿

STEP 2 ● 中級

9 □ **Thank you for ～.** 意味＿＿＿＿ 練習＿＿＿＿

10 □ **got** [gɑ́t] (ガット) 意味＿＿＿＿ 練習＿＿＿＿

11 □ **said** [séd] (セッド) 意味＿＿＿＿ 練習＿＿＿＿

12 □ **invite ... to ～** 意味＿＿＿＿ 練習＿＿＿＿

13 □ **fresh** [fréʃ] (フレッシュ) 意味＿＿＿＿ 練習＿＿＿＿

14 □ **miss** [mís] (ミス) 意味＿＿＿＿ 練習＿＿＿＿

STEP 3 ● 上級

15 □ **Why don't we ～?** 意味＿＿＿＿ 練習＿＿＿＿

単語・熟語の意味

1 □ 熟 先週
2 □ 動 招く，招待する
3 □ 前 ～の間に
4 □ 形 次の，来～，翌～
5 □ 名 冬
6 □ 名 農場
7 □ 動 飲む
8 □ 熟 帰る，もどる
9 □ 熟 ～をありがとう。
10 □ 動 get(受け取る)の過去形
11 □ 動 say(言う)の過去形
12 □ 熟 …を～に招く
13 □ 形 新鮮な，生の
14 □ 動 ～がいないのをさびしく思う
15 □ 熟 ～しませんか。

2 A LETTER FROM RYO 遼からの手紙

解答・考え方は別冊 P.19・20

月　日

点

☆☆次の英文を読んで，あとの設問に答えなさい。 (20点×5)

一時帰国しているトムに遼は手紙の返事を書きました。

August 9, 2021

Dear Tom,

Thank you [❶] your letter. I got it early this morning. ❷<u>I visited my uncle in Hokkaido last week, and I talked about you.</u> He said, "Invite him to my house." ❸<u>Why don't we go and see him during the next winter vacation?</u> He has a large farm, and we can drink fresh milk every day.

I miss you, Tom. Come back soon.

from

Ryo

(1) 熟語の知識 [❶] に適切な前置詞を補いなさい。

____

(2) 過去形・熟語 下線部❷・❸を日本文になおしなさい。

❷ (　　　　　　　　　　　　　　　　　　　　)

❸ (　　　　　　　　　　　　　　　　　　　　)

(3) 内容の理解 次の質問に，(a)は日本語で，(b)は英文で答えなさい。

(a) 遼がトムの手紙を受け取った具体的な年月日を書きなさい。

(　　　　　　　　　　　　　　　　　　　　)

(b) Where does Ryo's uncle have a large farm?

____

ポイント

(1)あとには感謝する対象がくる。

左ページを見よ

(2)❷過去形に注意。

チェック34

❸Why don't we ～? に注意。

左ページを見よ

(3)(b)遼のおじさんの農場がある場所はどこか？

Letters and E-mails 手紙やメールを書こう

単語・熟語の解説は別冊 P.20

意味 意味を書いてみましょう。 練習 つづりの練習をして覚えましょう。

STEP 1 ●基礎

1 □ **August** [ɔ́ːgəst]（オーガスト） 意味 ________ 練習 ________

2 □ **know** [nóu]（ノウ） 意味 ________ 練習 ________

3 □ **much** [mʌ́tʃ]（マッチ） 意味 ________ 練習 ________

4 □ **wonderful** [wʌ́ndərfəl]（ワンダフル） 意味 ________ 練習 ________

5 □ **snow** [snóu]（スノウ） 意味 ________ 練習 ________

6 □ **there** [ðéər]（ゼア） 意味 ________ 練習 ________

7 □ **news** [n(j)úːz]（ヌーズ） 意味 ________ 練習 ________

STEP 2 ●中級

8 □ **invitation** [ìnvitéiʃən]（インヴィテイション） 意味 ________ 練習 ________

9 □ **place** [pléis]（プレイス） 意味 ________ 練習 ________

10 □ **ski** [skíː]（スキー） 意味 ________ 練習 ________

11 □ **What about ～?** 意味 ________ 練習 ________

12 □ **grandma** [grǽnmàː]（グランマー） 意味 ________ 練習 ________

13 □ **grandpa** [grǽnpàː]（グランパー） 意味 ________ 練習 ________

STEP 3 ●上級

14 □ **look forward to ～** 意味 ________ 練習 ________

15 □ **See you.** 意味 ________ 練習 ________

単語・熟語の意味

1 □ 名 8月
2 □ 動 知っている
3 □ 代 たくさん(のこと)
4 □ 形 すばらしい
5 □ 名 雪
6 □ 副 そこで〔に，へ〕
7 □ 名 ニュース，知らせ
8 □ 名 招待
9 □ 名 場所
10 □ 動 スキーをする
11 □ 熟 ～はどうですか。
12 □ 名 おばあちゃん
13 □ 名 おじいちゃん
14 □ 熟 ～を楽しみに待つ
15 □ 熟 それじゃ(また)。

3 A LETTER FROM TOM ② トムからの手紙 ②

月　日

点

解答・考え方は別冊 P.20

☆☆次の英文を読んで，あとの設問に答えなさい。 (20点×5)

トムから再び遼に手紙が来ました。

August 15, 2021

Dear Ryo,

Thank you for your letter and your invitation to Hokkaido. ❶I don't know much about Hokkaido. ❷I'm looking forward to going to this wonderful place. Can we see snow then? Can we ski there? I like winter sports very much. ❸What about you?

I have ❹great news, Ryo. My grandma and grandpa are coming to Japan with us!

See you soon.

from

Tom

85

(1) 熟語などの知識　下線部❶・❷を日本文になおしなさい。

❶ (　　　　　　　　　　　　　　　　)

❷ (　　　　　　　　　　　　　　　　)

(2) 熟語の知識　下線部❸の内容を，次の英文で表しなさい。

________ you ________ winter sports?

(3) 内容の理解　下線部❹の具体的内容を日本語で書きなさい。

(　　　　　　　　　　　　　　　　)

(4) 内容の理解　次の質問に英文で答えなさい。

Does Tom like winter sports?

____

ポイント

(1)❶否定文中の much であることに注意。

(2)「あなたはどうですか」の内容を，直前の文から考える。

(3)このあとに続く文に注目する。

(4)「トムは冬のスポーツが好きですか」

Letters and E-mails 手紙やメールを書こう

単語・熟語の解説は別冊 P.20・21

意味 意味を書いてみましょう。 練習 つづりの練習をして覚えましょう。

STEP 1 ●基礎

1 □ yesterday morning 意味＿＿＿＿ 練習＿＿＿＿

2 □ really [ríːəli] (リーアリィ) 意味＿＿＿＿ 練習＿＿＿＿

3 □ great [gréit] (グレイト) 意味＿＿＿＿ 練習＿＿＿＿

4 □ all [ɔ́ːl] (オール) 意味＿＿＿＿ 練習＿＿＿＿

5 □ family [fǽməli] (ファミリィ) 意味＿＿＿＿ 練習＿＿＿＿

6 □ visit [vízit] (ヴィズィット) 意味＿＿＿＿ 練習＿＿＿＿

7 □ come back 意味＿＿＿＿ 練習＿＿＿＿

8 □ meet [míːt] (ミート) 意味＿＿＿＿ 練習＿＿＿＿

STEP 2 ●中級

9 □ got [gɑ́t] (ガット) 意味＿＿＿＿ 練習＿＿＿＿

10 □ return [ritə́ːrn] (リターン) 意味＿＿＿＿ 練習＿＿＿＿

11 □ e-mail [íːmeil] (イーメイル) 意味＿＿＿＿ 練習＿＿＿＿

STEP 3 ●上級

12 □ Many thanks. 意味＿＿＿＿ 練習＿＿＿＿

13 □ grandparent [grǽnpèərənt] (グランペアレント) 意味＿＿＿＿ 練習＿＿＿＿

14 □ as soon as possible 意味＿＿＿＿ 練習＿＿＿＿

15 □ for now 意味＿＿＿＿ 練習＿＿＿＿

単語・熟語の意味

1 □ 熟 昨日の朝
2 □ 副 本当に
3 □ 形 すばらしい
4 □ 形 すべての，全部の
5 □ 名 家族
6 □ 名 訪問
7 □ 熟 もどる，帰る
8 □ 動 会う，出迎える
9 □ 動 get(受け取る)の過去形
10 □ 名 もどること，帰宅
11 □ 名動 電子メール(を送る)
12 □ 熟 どうもありがとう。
13 □ 名 (複数形で)祖父母
14 □ 熟 できるだけ早く
15 □ 熟 とりあえず，今は

4 AN E-MAIL FROM RYO 遼からのメール

月 日
点

解答・考え方は別冊 P.21

☆☆次の英文を読んで，あとの設問に答えなさい。 (20点×5)

トムの手紙に遼は，電子メールで返事を書きました。

Hi, Tom.

Many thanks for your letter. I got it yesterday morning. Your grandparents are coming to Japan! That's really great. ❶All my family are looking forward to your return and your grandparents' first visit to Japan. :-D ❷When are you coming back? Please e-mail me as soon as possible. I'm meeting you at Haneda.

Goodbye for now.

Ryo

(1) 熟語などの知識 下線部❶・❷を日本文になおしなさい。

❶ (　　　　)

❷ (　　　　)

(2) 内容の理解 それぞれの質問に日本語で答えなさい。

(a) 遼はトムの手紙をいつ受け取りましたか。

(　　　　)

(b) 遼はトムに，いつ帰るかをどのようにして連絡してほしいと言っていますか。

(　　　　)

(c) 遼は羽田(はねだ)で何をするつもりですか。

(　　　　)

ポイント

(1)❶この文の visit は名詞である。

❷この文の現在進行形は近い未来の予定を表している。

(2)(a)英文２行目に注目。

(b)英文６～７行目に注目。

(c)英文７行目に注目。

Letters and E-mails 手紙やメールを書こう

単語・熟語の解説は別冊 P.21・22

意味 意味を書いてみましょう。 練習 つづりの練習をして覚えましょう。

STEP1 ●基礎

1 □ read [réd]（レッド） 意味＿＿＿ 練習＿＿＿

2 □ leave [líːv]（リーヴ） 意味＿＿＿ 練習＿＿＿

3 □ this afternoon 意味＿＿＿ 練習＿＿＿

4 □ spend [spénd]（スペンド） 意味＿＿＿ 練習＿＿＿

5 □ day [déi]（デイ） 意味＿＿＿ 練習＿＿＿

6 □ arrive at ～ 意味＿＿＿ 練習＿＿＿

STEP2 ●中級

7 □ fly to ～ 意味＿＿＿ 練習＿＿＿

8 □ a few ～ 意味＿＿＿ 練習＿＿＿

9 □ around [əráund]（アラウンド） 意味＿＿＿ 練習＿＿＿

10 □ present [prézənt]（プレゼント） 意味＿＿＿ 練習＿＿＿

11 □ bought [bɔ́ːt]（ボート） 意味＿＿＿ 練習＿＿＿

STEP3 ●上級

12 □ just [dʒʌ́st]（チャスト） 意味＿＿＿ 練習＿＿＿

13 □ in a hurry 意味＿＿＿ 練習＿＿＿

14 □ be going to ～ 意味＿＿＿ 練習＿＿＿

15 □ p.m. [píːém]（ピーエム） 意味＿＿＿ 練習＿＿＿

単語・熟語の意味

1 □ 動 read(読む)の過去形
2 □ 動 去る，出発する
3 □ 熟 今日の午後
4 □ 動 過ごす
5 □ 名 日，1日
6 □ 熟 ～に着く
7 □ 熟 ～へ飛行機で行く
8 □ 熟 2，3の～
9 □ 副 およそ，～ころ
10 □ 名 贈り物，プレゼント
11 □ 動 buy(買う)の過去形
12 □ 副 たった今
13 □ 熟 急いで，あわてて
14 □ 熟 ～するつもりだ
15 □ 副 午後

5 AN E-MAIL FROM TOM トムからのメール

解答・考え方は別冊 P.22

月　　日
点

☆☆次の英文を読んで，あとの設問に答えなさい。 (20点×５)

アメリカから帰る前のトムから電子メールの返事が届きました。

Hi, Ryo.
Thanks for your e-mail. I just read it. ❶I'm sending this e-mail in a hurry.
❷We leave our hometown this afternoon, and fly to Hawaii. ❸We are going to spend a few days there. We arrive at Haneda around 3 p.m. on August 27. Can you meet us there?
I have some nice presents for you. I bought them in Chicago. See you at Haneda. Bye!
Tom

89

(1) 熟語などの知識　下線部❶～❸を日本文になおしなさい。

❶ (　　　　　　　　　　　　　　　　　　　　　　)

❷ (　　　　　　　　　　　　　　　　　　　　　　)

❸ (　　　　　　　　　　　　　　　　　　　　　　)

(2) 内容の理解　それぞれの質問に日本語で答えなさい。

(a) トムたちが羽田に着くのはいつだと言っていますか。

(　　　　　　　　　　　　　　　　　　　　　　)

(b) トムが遼にお願いしていることはどんなことですか。

(　　　　　　　　　　　　　　　　　　　　　　)

ポイント

(1)❶ in a hurry の意味は？
❷ fly to ～の意味は？
❸ be going to ～, a few ～の意味は？
左ページを見よ
(2)(a)英文５～６行目に注目。
(b)英文６～７行目に注目。

セクション 7 まとめのテスト

手紙やメールを書こう

月　日

点

解答は別冊 P.22・23

1 次の英語は日本語に，日本語は英語になおしなさい。（2点×16）

(1) spend (　　　)		(2) wonderful (　　　)
(3) invite (　　　)		(4) drink (　　　)
(5) place (　　　)		(6) night (　　　)
(7) soon (　　　)		(8) during (　　　)
(9) 去る ＿＿＿		(10) 書く ＿＿＿
(11) 手紙 ＿＿＿		(12) 本当に ＿＿＿
(13) 雪 ＿＿＿		(14) 次の ＿＿＿
(15) 冬 ＿＿＿		(16) 昨日 ＿＿＿

2 次の **AB** と **CD** の関係がほぼ同じになるように，**D** に適語を入れなさい。（2点×5）

	A	B	C	D
(1)	right	write	no	＿＿＿
(2)	morning	a.m.	afternoon	＿＿＿
(3)	visit	visited	buy	＿＿＿
(4)	play	played	say	＿＿＿
(5)	two	too	our	＿＿＿

3 次の語群を，日本文に合うように並べかえなさい。（8点×2）

(1) あなたはいつ成田に着きましたか。

(at / when / you / arrive / did / Narita / ?)

＿＿＿＿＿＿＿＿＿＿＿＿＿＿＿＿＿＿＿＿

(2) 私には東京に 2，3 人友だちがいます。

(have / a / Tokyo / few / I / friends / in / .)

＿＿＿＿＿＿＿＿＿＿＿＿＿＿＿＿＿＿＿＿

4 次の英文を読んで，あとの設問に答えなさい。（6点×7）

海外を旅行中のお父さんが，日本にいる子どもにあてたメールです。

Hi, Takuya.
Is everything OK? I arrived in Los Angeles yesterday at 2 p.m. It's a clear day today, and it's very warm.
❶How about in Tokyo?
Yesterday evening your mother and I saw a baseball game. It was really exciting.
❷We fly to Hawaii tomorrow morning for the last days of our trip.
It's just twelve noon here, October ❸3rd. Please meet me at Haneda Airport at 9 a.m. Japan time on October ❹8th. See you then.
Dad

［注］ Is everything OK?：万事順調ですか。 clear：晴れた saw：see の過去形
last：最後の trip：旅行 airport：空港

91

(1) 下線部❶が表す内容を次の日本語で表すとき，（ ）の部分を補いなさい。
東京の（ ）はどうですか。

(2) 下線部❷を日本文になおしなさい。
（ ）

(3) 下線部❸・❹を読む通りに英語で書きなさい。
❸ ________ ❹ ________

(4) 次の質問に，(a)は日本語で，(b)・(c)には英文で答えなさい。
(a) 父親は拓也（たくや）にいつどこでどんなことをしてほしいと思っていますか。
（ ）
(b) When did Takuya's father arrive in Los Angeles?（日付で答えること）
____
(c) What did Takuya's parents enjoy last night?
____

Let's play outdoors. 遊びに出かけよう

単語・熟語の解説は別冊 P.23

意味 意味を書いてみましょう。練習 つづりの練習をして覚えましょう。

STEP 1 ●基礎

1 □ **begin** [bigín]（ビギン） 意味＿＿＿＿ 練習＿＿＿＿

2 □ **Me, too.** 意味＿＿＿＿ 練習＿＿＿＿

STEP 2 ●中級

3 □ **Here we are.** 意味＿＿＿＿ 練習＿＿＿＿

4 □ **go on ～** 意味＿＿＿＿ 練習＿＿＿＿

5 □ **Just a minute.** 意味＿＿＿＿ 練習＿＿＿＿

6 □ **begin with ～** 意味＿＿＿＿ 練習＿＿＿＿

7 □ **want to ～** 意味＿＿＿＿ 練習＿＿＿＿

8 □ **teacup** [tíːkʌ̀p]（ティーカップ） 意味＿＿＿＿ 練習＿＿＿＿

9 □ **be afraid of ～** 意味＿＿＿＿ 練習＿＿＿＿

10 □ **come on** 意味＿＿＿＿ 練習＿＿＿＿

STEP 3 ●上級

11 □ **amusement park** 意味＿＿＿＿ 練習＿＿＿＿

12 □ **Ferris wheel** 意味＿＿＿＿ 練習＿＿＿＿

13 □ **prefer** [prifə́ːr]（プリファー） 意味＿＿＿＿ 練習＿＿＿＿

14 □ **roller coaster** 意味＿＿＿＿ 練習＿＿＿＿

15 □ **No way.** 意味＿＿＿＿ 練習＿＿＿＿

単語・熟語の意味

1 □ 動 始める
2 □ 熟 私もそうです。
3 □ 熟 さあ着きましたよ。
4 □ 熟 ～に乗りこむ
5 □ 熟 少し待ってください。
6 □ 熟 ～で〔から〕始める
7 □ 熟 ～したい
8 □ 名 ティーカップ
9 □ 熟 ～をこわがる
10 □ 熟 さあ，ばか言うな
11 □ 熟 遊園地
12 □ 熟 (大)観覧車
13 □ 動 (～のほうを)好む
14 □ 熟 ジェットコースター
15 □ 熟 いやだ。とんでもない。

1 AT THE AMUSEMENT PARK 遊園地で

解答・考え方は別冊 P.23

月　日

点

☆☆次の英文を読んで，あとの設問に答えなさい。 (20点×5)

遼と大樹とトムが遊園地に来ています。

Ryo : Here we are at the new amusement park.
Look at that! It's a really big Ferris wheel. ❶Let's go on that first.

Daiki : Just a minute. I prefer the roller coaster. Let's begin with that at the amusement park.

Tom : No way!! I want to go on the Ferris wheel or the teacups.

Ryo : Me, too.

Daiki : ❷Are you afraid of the roller coaster?

Tom and Ryo : Ah ... yes.

Daiki : Oh, come on!

93

(1) 熟語などの知識 下線部❶・❷を日本文になおしなさい。

❶ (　　　　　　　　　　　　　　　　　　　)

❷ (　　　　　　　　　　　　　　　　　　　)

(2) 内容の理解 各質問に，下線の人になったつもりで，英文で答えなさい。

(a) Are you afraid of the roller coaster, Daiki?

____

(b) Which do you like, the roller coaster or the teacups, Ryo?

____

(c) Are you afraid of the Ferris wheel, Tom?

____

ポイント

(1)❶ go on ～の意味は？

❷ be afraid of ～の意味は？

左ページを見よ

(2)まず質問の内容を正確にとらえよう。

(a)英文4行目に注目する。

(b)英文6～8行目に注目する。

(c)英文6行目に注目する。

Let's play outdoors. 遊びに出かけよう

単語・熟語の解説は別冊 P.23・24

意味 意味を書いてみましょう。 練習 つづりの練習をして覚えましょう。

STEP 1 ●基礎

1 □ **look at ～** 意味＿＿＿＿ 練習＿＿＿＿

2 □ **wrong** [rɔ́ːŋ] (ローング) 意味＿＿＿＿ 練習＿＿＿＿

3 □ **mountain** [máuntən] (マウンテン) 意味＿＿＿＿ 練習＿＿＿＿

4 □ **minute** [mínit] (ミニット) 意味＿＿＿＿ 練習＿＿＿＿

5 □ **smile** [smáil] (スマイル) 意味＿＿＿＿ 練習＿＿＿＿

6 □ **think** [θíŋk] (スィンク) 意味＿＿＿＿ 練習＿＿＿＿

STEP 2 ●中級

7 □ **move** [múːv] (ムーヴ) 意味＿＿＿＿ 練習＿＿＿＿

8 □ **monkey** [mʌ́ŋki] (マンキィ) 意味＿＿＿＿ 練習＿＿＿＿

9 □ **later** [léitə*r*] (レイタァ) 意味＿＿＿＿ 練習＿＿＿＿

10 □ **smile at ～** 意味＿＿＿＿ 練習＿＿＿＿

11 □ **why** [hwái] (ホワイ) 意味＿＿＿＿ 練習＿＿＿＿

STEP 3 ●上級

12 □ **panda** [pǽndə] (パンダ) 意味＿＿＿＿ 練習＿＿＿＿

13 □ **take a nap** 意味＿＿＿＿ 練習＿＿＿＿

14 □ **envy** [énvi] (エンヴィ) 意味＿＿＿＿ 練習＿＿＿＿

15 □ **Thanks a lot.** 意味＿＿＿＿ 練習＿＿＿＿

単語・熟語の意味

1 □ 熟 ～を見る
2 □ 形 具合の悪い
3 □ 名 山
4 □ 名 (時間の)分
5 □ 動 ほほえむ
6 □ 動 考える，思う
7 □ 動 動く
8 □ 名 サル
9 □ 副 あとで，～後に
10 □ 熟 ～にほほえむ
11 □ 副 なぜ，どうして
12 □ 名 パンダ
13 □ 熟 うたたね〔昼寝〕する
14 □ 動 うらやむ，ねたむ
15 □ 熟 どうもありがとう。

2 AT THE ZOO 動物園で

解答・考え方は別冊 P.24

月　　日

点

☆☆次の英文を読んで，あとの設問に答えなさい。 (20点×5)

トムと遼が動物園に来ています。

Ryo : Look [❶] the pandas! They aren't moving. ❷Is anything wrong with them?

Tom : They're just taking a nap.

Ryo : Oh, good. ❸I envy them. Let's go [❹] the monkey mountains.

(A few minutes later)

Ryo : The monkeys are smiling.

Tom : Yes, they're smiling at you.

Ryo : Oh, really? ❺But why?

Tom : They all like you, I think.

Ryo : Thanks a lot, but ... is this a good thing?

95

(1) 熟語などの知識 ❶・❹の[　　]に適する語を下から1つずつ選んで書きなさい。❶ ＿＿＿＿＿＿ ❹ ＿＿＿＿＿＿

〔 in　at　for　to　on 〕

(2) 内容の理解 それぞれの質問に日本語で答えなさい。

(a) 遼が下線部❷のように思った理由を書きなさい。

(　　　　　　　　　　　　　　)

(b) 遼は下線部❸でパンダのどんなことをうらやましいと思っているのですか。

(　　　　　　　　　　　　　　)

(c) 下線部❺で省略されていると思われる語句を補って，日本文になおしなさい。

(　　　　　　　　　　　　　　)

ポイント

(1)❶「～を見る」の意味にする。

左ページを見よ

❹「～へ行く」の意味にする。

(2)(a)直前の文に注目する。

(b)この直前のトムの発言から考えてみよう。

(c)この直前のトムの発言から省略されている語句を補ってみよう。

Let's play outdoors. 遊びに出かけよう

単語・熟語の解説は別冊 P.24

意味 意味を書いてみましょう。 練習 つづりの練習をして覚えましょう。

STEP 1 ● 基礎

1 □ tall [tɔ́ːl] (トール) 意味＿＿＿ 練習＿＿＿

2 □ new [n(j)úː] (ヌー) 意味＿＿＿ 練習＿＿＿

3 □ I see. 意味＿＿＿ 練習＿＿＿

4 □ right [ráit] (ライト) 意味＿＿＿ 練習＿＿＿

5 □ everything [évriθìŋ] (エヴリスィング) 意味＿＿＿ 練習＿＿＿

6 □ worry [wə́ːri] (ワーリィ) 意味＿＿＿ 練習＿＿＿

STEP 2 ● 中級

7 □ tower [táuər] (タウア) 意味＿＿＿ 練習＿＿＿

8 □ theater [θíːətər] (スィーアタア) 意味＿＿＿ 練習＿＿＿

9 □ modern [mάdərn] (マダァン) 意味＿＿＿ 練習＿＿＿

10 □ temple [témpl] (テンプル) 意味＿＿＿ 練習＿＿＿

STEP 3 ● 上級

11 □ How ～! 意味＿＿＿ 練習＿＿＿

12 □ destination [dèstənéiʃən] (デスティネイション) 意味＿＿＿ 練習＿＿＿

13 □ head for ～ 意味＿＿＿ 練習＿＿＿

14 □ newly-built [n(j)úːlibìlt] (ヌーリィビルト) 意味＿＿＿ 練習＿＿＿

15 □ atmosphere [ǽtməsfìər] (アトモスフィア) 意味＿＿＿ 練習＿＿＿

単語・熟語の意味

1 □ 形 (建物などが)高い
2 □ 形 新しい
3 □ 熟 わかりました。
4 □ 形 正しい
5 □ 代 すべてのこと〔もの〕
6 □ 動 心配する
7 □ 名 塔(とう), タワー
8 □ 名 劇場
9 □ 形 現代的な, 最新式の
10 □ 名 寺, 寺院
11 □ 熟 何て～なのだろう。
12 □ 名 目的地
13 □ 熟 ～へ向かう
14 □ 形 新しく建てられた
15 □ 名 雰囲気(ふんいき)

3 ONE-DAY TOUR AROUND TOKYO 東京一周バスツアー

解答・考え方は別冊 P.24

月　日

点

☆☆次の英文を読んで，あとの設問に答えなさい。 (20点×5)

トムと遼が東京一周の観光バスに乗っています。

Tom : Look! ❶How tall! What is that, Ryo?

Ryo : That's Tokyo Skytree ... a new tower.

Tom : I see. ❷What's our next destination?

Ryo : We're heading for the Kabuki theater.

Tom : Oh, Kabuki. It's an old building, right?

Ryo : ❸Kabuki has a long history, but the theater is a newly-built modern building.

Tom : Oh, everything is new in Tokyo.

Ryo : Don't worry. The next destination ❹after that is Asakusa. Asakusa has a lot of old temples, and you can enjoy the good old atmosphere.

[注] Kabuki：歌舞伎

97

(1) 熟語などの知識 下線部❶～❸を日本文になおしなさい。

❶ (　　　　　　　　　　)

❷ (　　　　　　　　　　)

❸ (　　　　　　　　　　)

(2) 内容の理解 それぞれの質問に日本語で答えなさい。

(a) 下線部❹は具体的には，何のあとを指していますか。

(　　　　　　　　　　)

(b) 遼は，浅草でどんなことが楽しめるとトムに言ってますか。

(　　　　　　　　　　)

ポイント

(1)❶ How ～? の意味は？

❷・❸ひとつひとつの単語の意味を正確につかもう。

左ページを見よ

(2)(a)浅草の前はどこに行くのか？

(b)最後の文に注目する。

Let's play outdoors. 遊びに出かけよう

単語・熟語の解説は別冊 P.24・25

意味 意味を書いてみましょう。 練習 つづりの練習をして覚えましょう。

STEP1 ●基礎

1 □ great [gréit] グレイト 意味＿＿ 練習＿＿

2 □ help ～ with … 意味＿＿ 練習＿＿

3 □ set [sét] セット 意味＿＿ 練習＿＿

STEP2 ●中級

4 □ I think so. 意味＿＿ 練習＿＿

5 □ you know 意味＿＿ 練習＿＿

6 □ Good luck. 意味＿＿ 練習＿＿

7 □ Here we go. 意味＿＿ 練習＿＿

8 □ boot [bú:t] ブート 意味＿＿ 練習＿＿

STEP3 ●上級

9 □ powder [páudər] パウダァ 意味＿＿ 練習＿＿

10 □ pro [próu] プロウ 意味＿＿ 練習＿＿

11 □ skier [skí:ər] スキーア 意味＿＿ 練習＿＿

12 □ snowboard [snóubɔ̀:rd] スノウボード 意味＿＿ 練習＿＿

13 □ think of ～ing 意味＿＿ 練習＿＿

14 □ participate in ～ 意味＿＿ 練習＿＿

15 □ competition [kɑ̀mpətíʃən] カンペティション 意味＿＿ 練習＿＿

単語・熟語の意味

1 □ 形 すばらしい
2 □ 熟 ～の…を手伝う
3 □ 動 置く，セットする
4 □ 熟 そう思います。
5 □ 熟 あのね，ええと
6 □ 熟 がんばってね。
7 □ 熟 さあ，行くぞ。
8 □ 名 ブーツ，長ぐつ
9 □ 名 粉
10 □ 名 プロ，職業選手
11 □ 名 スキーをする人
12 □ 動 スノーボードをする
13 □ 熟 ～しようと考える
14 □ 熟 ～に参加する
15 □ 名 試合，競技会

4 AT THE SKI RUN スキー場で

月　日
点

解答・考え方は別冊 P.25

☆☆次の英文を読んで，あとの設問に答えなさい。 (20点×5)

トムと遼は北海道のスキー場に来ています。

Tom : This is great snow! I love this powder.

Ryo : ❶You talk like a pro, Tom. ❷Are you a good skier?

Tom : Yes, I think so. And I snowboard too, you know. I snowboarded a lot in my hometown in winter.

Ryo : Great! You don't snowboard in Japan?

Tom : ❸I do. ❹I'm thinking of participating in a snowboarding competition in Akita next week.

Ryo : Wow, good luck, Tom. Here we go! Ah, wait, ❺Tom, help me with this, please. I can't set my ski boots.

99

(1) 熟語などの知識　下線部❶，❹，❺を日本文になおしなさい。❺は this の内容をはっきりさせること。

❶ (　　　　　　　　　　)

❹ (　　　　　　　　　　)

❺ (　　　　　　　　　　)

(2) 言いかえ　下線部❷とほぼ同じ意味になるように，＿＿に適する語を補いなさい。

Can you ski ＿＿＿＿＿?

(3) 内容の理解　下線部❸は具体的に，だれがどうすることを表しているか，日本語で説明しなさい。

(　　　　　　　　　　)

ポイント

(1)❶ like の意味に注意する。

❹ think of や participate in の意味は？

❺ help ～ with … の意味は？

左ページを見よ

(2)副詞を補う。

(3)直前の文から判断する。

100

Let's play outdoors. 遊びに出かけよう

単語・熟語の解説は別冊 P.25

意味 意味を書いてみましょう。 練習 つづりの練習をして覚えましょう。

STEP 1 ●基礎

1 □ **high** [hái] (ハイ) 意味＿＿ 練習＿＿
2 □ **show** [ʃóu] (ショウ) 意味＿＿ 練習＿＿
3 □ **ago** [əgóu] (アゴウ) 意味＿＿ 練習＿＿
4 □ **real** [ríːəl] (リーアル) 意味＿＿ 練習＿＿
5 □ **never** [névər] (ネヴァ) 意味＿＿ 練習＿＿

STEP 2 ●中級

6 □ **place** [pléis] (プレイス) 意味＿＿ 練習＿＿
7 □ **not ～ at all** 意味＿＿ 練習＿＿
8 □ **several** [sévərəl] (セヴラル) 意味＿＿ 練習＿＿
9 □ **experience** [ikspíəriəns] (イクスピアリアンス) 意味＿＿ 練習＿＿
10 □ **ground** [gráund] (グラウンド) 意味＿＿ 練習＿＿
11 □ **happen** [hǽpən] (ハプン) 意味＿＿ 練習＿＿

STEP 3 ●上級

12 □ **skydiving** [skáidàiviŋ] (スカイダイヴィング) 意味＿＿ 練習＿＿
13 □ **No way.** 意味＿＿ 練習＿＿
14 □ **parachute** [pǽrəʃùːt] (パラシュート) 意味＿＿ 練習＿＿
15 □ **Never mind.** 意味＿＿ 練習＿＿

単語・熟語の意味

1 □ 形 高い
2 □ 名 ショー，展示会
3 □ 副 ～前に
4 □ 形 本物の，本当の
5 □ 副 決して〔少しも〕～ない
6 □ 名 場所，所
7 □ 熟 少しも〔まったく〕～ない
8 □ 形 いくつかの
9 □ 動 体験〔経験〕する
10 □ 名 地面
11 □ 動 起こる
12 □ 名 スカイダイビング
13 □ 熟 とんでもない。いやだ。
14 □ 名 パラシュート
15 □ 熟 気にするな。

5 HOW ABOUT SKYDIVING? スカイダイビングはどう?

解答・考え方は別冊 P.26

月　日　　点

☆☆次の英文を読んで，あとの設問に答えなさい。（20点×5）

トムが遼をスカイダイビングに誘っています。

Tom : Are you afraid of high places, Ryo?

Ryo : Yes, very much. ❶Are you?

Tom : No. I'm afraid of the roller coaster, but ❷I'm not afraid of high places at all.
My uncle invited me to the skydiving show several days ago. We can experience real skydiving in the show. Let's go and ❸see the ground from the sky.

Ryo : ❹No way!! The parachute doesn't open and we ....

Tom : ❺Never mind! You never know what will happen.

［注］ what will happen：(これから)何が起こるかを

101

(1) 省略のある文　下線部❶で，省略されている語句を補いなさい。

Are you ＿＿＿＿＿＿＿＿＿＿＿＿＿＿＿＿＿＿＿＿?

(2) 熟語の知識　下線部❷を日本文になおしなさい。

(　　　　　　　　　　　　　　　　　　　　　　　　)

(3) 内容の理解　下線部❸の from the sky は，具体的にはどういうことを言っているのか日本語で説明しなさい。

(　　　　　　　　　　　　　　　　　　　　　　　　)

(4) 熟語の知識　下線部❹は英文に相当する日本語を，❺は最も意味が近い英語を選びなさい。

❹ ア 大賛成！　イ 絶対にいやだ！
ウ やらざるを得ないだろうな！

❺ ア All right.　イ That's too bad.　ウ Don't worry.

ポイント

(1)直前のトムの発言から考える。

(2) not ～ at all の意味は？

左ページを見よ

(3)単に和訳するだけに終わらないように。

(4)それぞれもとの意味は何かを確認しておこう。

左ページを見よ

セクション 8 まとめのテスト

遊びに出かけよう

月　日

点

解答は別冊 P.26・27

1 次の英語は日本語に，日本語は英語になおしなさい。（2点×16）

(1) place (　　　　)　(2) experience (　　　　)

(3) everything (　　　　)　(4) smile (　　　　)

(5) move (　　　　)　(6) think (　　　　)

(7) worry (　　　　)　(8) later (　　　　)

(9) 本物の ＿＿＿＿＿＿　(10) 始める ＿＿＿＿＿＿

(11) 起こる ＿＿＿＿＿＿　(12) 山 ＿＿＿＿＿＿

(13) 待つ ＿＿＿＿＿＿　(14) 新しい ＿＿＿＿＿＿

(15) 地面 ＿＿＿＿＿＿　(16) 正しい ＿＿＿＿＿＿

2 次の AB と CD の関係がほぼ同じになるように，D に適語を入れなさい。（2点×5）

	A	B	C	D
(1)	short	long	low	＿＿＿＿
(2)	piano	pianist	ski	＿＿＿＿
(3)	2	second	1	＿＿＿＿
(4)	play	played	get	＿＿＿＿
(5)	watch	watching	move	＿＿＿＿

3 次の語群を，日本文に合うように並べかえなさい。（8点×2）

(1) どうか私の宿題を手伝ってください。

(help / with / me / my / please / homework / .)

＿＿＿＿＿＿＿＿＿＿＿＿＿＿＿＿＿＿＿＿＿＿

(2) あなたは何がこわいのですか。

(you / of / are / what / afraid / ?)

＿＿＿＿＿＿＿＿＿＿＿＿＿＿＿＿＿＿＿＿＿＿

4 次の英文を読んで，あとの設問に答えなさい。　（7点×6）

Tom : What are your plans for this weekend?
Ken : I'm going by bus to see my grandparents in a small town in Nagano.
Tom : They will be happy to see you. Are you going there alone?
Ken : My little sister is going to go with me. She likes ❶<u>them</u>.
Tom : And what will you do there?
Ken : They have about ten apple trees near their house. It is harvest time now and we will help them.
Tom : You will pick apples from the trees! I want to do ❷<u>that</u>, too. Can I join you?
Ken : ❸<u>Why not?</u> Come to my house at seven on Saturday morning, and we can take the 8:15 bus from the station.

［注］ weekend：週末　will：～だろう，～するつもりだ
be happy to ～：～してうれしい　alone：ひとりで　little：小さい　tree：木
harvest：収穫　pick：摘む　join：～に加わる　station：駅　103

(1) 下線部❶・❷が指す内容を，具体的に日本語で書きなさい。

❶ (　　　　　　　　　　　　　　　　　　　　)

❷ (　　　　　　　　　　　　　　　　　　　　)

(2) 下線部❸とほぼ同じ内容を表すものを１つ選び，記号を○でかこみなさい。

ア No way.　　イ Yes, of course.　　ウ See you.

(3) 次の質問に英文で答えなさい。

(a) Where do Ken's grandparents live?

____

(b) How many apple trees do Ken's grandparents have?

____

(c) What time does the bus leave the station?

____

On the Phone 電話で話そう

単語・熟語の解説は別冊 P.27

意味 意味を書いてみましょう。練習 つづりの練習をして覚えましょう。

STEP 1 ●基礎

1 □ **anything** [éniθìŋ] (エニィスィング) 意味＿＿＿＿ 練習＿＿＿＿

2 □ **a lot of ～** 意味＿＿＿＿ 練習＿＿＿＿

3 □ **finish** [fíniʃ] (フィニッシュ) 意味＿＿＿＿ 練習＿＿＿＿

4 □ **by** [bái] (バイ) 意味＿＿＿＿ 練習＿＿＿＿

5 □ **tomorrow** [təmárou] (トゥマロウ) 意味＿＿＿＿ 練習＿＿＿＿

6 □ **have** [hǽv] (ハヴ) 意味＿＿＿＿ 練習＿＿＿＿

7 □ **dinner** [dínər] (ディナァ) 意味＿＿＿＿ 練習＿＿＿＿

8 □ **in** [ín] (イン) 意味＿＿＿＿ 練習＿＿＿＿

STEP 2 ●中級

9 □ **hello** [həlóu] (ヘロウ) 意味＿＿＿＿ 練習＿＿＿＿

10 □ **homework** [hóumwə̀ːrk] (ホウムワーク) 意味＿＿＿＿ 練習＿＿＿＿

11 □ **have to ～** 意味＿＿＿＿ 練習＿＿＿＿

12 □ **help ～ with ...** 意味＿＿＿＿ 練習＿＿＿＿

STEP 3 ●上級

13 □ **speak to ～** 意味＿＿＿＿ 練習＿＿＿＿

14 □ **Speaking.** 意味＿＿＿＿ 練習＿＿＿＿

15 □ **What's up?** 意味＿＿＿＿ 練習＿＿＿＿

単語・熟語の意味

1 □ 代 (疑問文で)何か
2 □ 熟 たくさんの～
3 □ 動 終える
4 □ 前 ～までに
5 □ 名 明日，あした
6 □ 動 食べる
7 □ 名 ディナー，夕食
8 □ 前 ～たって，～したら
9 □ 間 (電話で)もしもし
10 □ 名 宿題
11 □ 熟 ～しなければいけない
12 □ 熟 ～の…を手伝う
13 □ 熟 ～と話をする
14 □ 熟 (電話で)私です。
15 □ 熟 どうしたんだい。

1 MY HOMEWORK! 宿題を手伝って！

解答・考え方は別冊 P.27

月　日
点

☆☆次の英文を読んで，あとの設問に答えなさい。 (20点×5)

Ryo : Hello. Can I speak to Tom, please?

Tom : Speaking.

Ryo : This is Ryo. Are you doing anything now?

Tom : No. What's up?

Ryo : ❶<u>I have a lot of English homework.</u> ❷<u>I have to finish it by tomorrow.</u> Please help me [❸] my homework.

Tom : O.K., but I'm ❹<u>having</u> dinner now, so come to my house ❺<u>in</u> thirty minutes.

Ryo : Thanks, Tom. You're a good friend.

105

(1) 熟語などの知識　下線部❶・❷を日本文になおしなさい。

❶ (　　　　　　　　　　　　　　　　　　)

❷ (　　　　　　　　　　　　　　　　　　)

(2) 熟語の知識　[❸] にあてはまる語を選びなさい。

ア on　　イ to　　ウ with　　エ about

(3) 単語の知識　下線部❹と同じ意味の語を選びなさい。

ア cooking　　イ eating　　ウ looking　　エ spending

(4) 前置詞の意味　下線部❺と同じ意味のものを選びなさい。

ア My aunt lives <u>in</u> Kyoto.

イ The bus leaves <u>in</u> ten minutes.

ウ Let's talk <u>in</u> English.

ポイント

(1)❶ a lot of ～の意味に注意する。
❷ have to ～, by の意味に注意する。

左ページを見よ

(2)決まった言い方として覚えておく。

左ページを見よ

(3) have にはいろいろな意味がある。

左ページを見よ

(4)時間の経過を表す in になる。

左ページを見よ

On the Phone 電話で話そう

単語・熟語の解説は別冊 P.27・28

意味 意味を書いてみましょう。 練習 つづりの練習をして覚えましょう。

STEP 1 ●基礎

1 □ **tomorrow** [təmárou]（トゥマロウ） 意味＿＿＿＿ 練習＿＿＿＿

2 □ **too** [túː]（トゥー） 意味＿＿＿＿ 練習＿＿＿＿

3 □ **think** [θíŋk]（スィンク） 意味＿＿＿＿ 練習＿＿＿＿

4 □ **play** [pléi]（プレイ） 意味＿＿＿＿ 練習＿＿＿＿

5 □ **sing** [síŋ]（スィング） 意味＿＿＿＿ 練習＿＿＿＿

6 □ **idea** [aidíːə]（アイディーア） 意味＿＿＿＿ 練習＿＿＿＿

STEP 2 ●中級

7 □ **birthday** [bə́ːrθdèi]（バースデイ） 意味＿＿＿＿ 練習＿＿＿＿

8 □ **party** [páːrti]（パーティ） 意味＿＿＿＿ 練習＿＿＿＿

9 □ **How about ～?** 意味＿＿＿＿ 練習＿＿＿＿

10 □ **plan** [plǽn]（プラン） 意味＿＿＿＿ 練習＿＿＿＿

11 □ **think about ～** 意味＿＿＿＿ 練習＿＿＿＿

12 □ **How about ～ing?** 意味＿＿＿＿ 練習＿＿＿＿

STEP 3 ●上級

13 □ **Is that ～?** 意味＿＿＿＿ 練習＿＿＿＿

14 □ **guitar** [gitáːr]（ギター） 意味＿＿＿＿ 練習＿＿＿＿

15 □ **sing to ～** 意味＿＿＿＿ 練習＿＿＿＿

単語・熟語の意味

1 □ 名 明日，あした
2 □ 副 ～もまた
3 □ 動 考える，思う
4 □ 動 (楽器を)弾く
5 □ 動 歌う
6 □ 名 考え，アイディア
7 □ 名 誕生日
8 □ 名 パーティー
9 □ 熟 ～はどうですか。
10 □ 名 計画，プラン
11 □ 熟 ～のことを考える
12 □ 熟 ～してはどうですか。
13 □ 熟 (電話で)～さんですか。
14 □ 名 ギター
15 □ 熟 ～に合わせて歌う

2 LET'S GO TO THE PARTY. パーティーの打ち合わせ

解答・考え方は別冊 P.28

月　　日

点

☆☆次の英文を読んで，あとの設問に答えなさい。 (25点× 4)

遼と健が携帯電話でなにごとかを話し合っています。

Ryo : Hello. Is that Ken?

Ken : Yes.

Ryo : This is Ryo. Tomorrow is Tom's birthday. I'm going to his birthday party. How about you?

Ken : ❶I'm going, too. Do you have any plans for the party?

Ryo : I'm thinking about it .... You play the guitar very well. How about playing that for him? I can sing to the guitar.

Ken : That's a good idea. Let's ❷do that.

107

(1) 語句の省略 下線部❶で省略されている 4 語を補いなさい。

I'm going ＿＿＿＿＿＿＿＿＿＿＿＿＿＿＿＿, too.

(2) 内容の理解 下線部❷の内容を that が何を指すかわかるように日本語で説明しなさい。

(　　　　　　　　　　　　　　　　　　　　)

(3) 内容の理解 次の質問に英文で答えなさい。

(a) Is Ryo going to Tom's birthday party?

＿＿＿＿＿＿＿＿＿＿＿＿＿＿＿＿＿＿＿＿＿＿＿＿

(b) Can Ken play the guitar well?

＿＿＿＿＿＿＿＿＿＿＿＿＿＿＿＿＿＿＿＿＿＿＿＿

ポイント

(1)英文 4 行目に注目する。

(2)健と遼の両者の行動を考える。

(3)(a)「遼はトムの誕生パーティーに行く予定ですか」

(b)「健は上手にギターを弾くことができますか」

On the Phone 電話で話そう

単語・熟語の解説は別冊 P.28

意味 意味を書いてみましょう。 練習 つづりの練習をして覚えましょう。

STEP 1 ●基礎

1 □ third [θə́ːrd] (サード) 意味＿＿＿＿ 練習＿＿＿＿

2 □ old [óuld] (オウルド) 意味＿＿＿＿ 練習＿＿＿＿

3 □ last [lǽst] (ラスト) 意味＿＿＿＿ 練習＿＿＿＿

4 □ once [wʌ́ns] (ワンス) 意味＿＿＿＿ 練習＿＿＿＿

5 □ again [əgén] (アゲン) 意味＿＿＿＿ 練習＿＿＿＿

STEP 2 ●中級

6 □ hi [hái] (ハイ) 意味＿＿＿＿ 練習＿＿＿＿

7 □ movie [múːvi] (ムーヴィ) 意味＿＿＿＿ 練習＿＿＿＿

8 □ go to (see) a movie 意味＿＿＿＿ 練習＿＿＿＿

9 □ film [fílm] (フィルム) 意味＿＿＿＿ 練習＿＿＿＿

10 □ scene [síːn] (スィーン) 意味＿＿＿＿ 練習＿＿＿＿

11 □ saw [sɔ́ː] (ソー) 意味＿＿＿＿ 練習＿＿＿＿

12 □ in front of ～ 意味＿＿＿＿ 練習＿＿＿＿

13 □ theater [θíːətər] (スィーアタァ) 意味＿＿＿＿ 練習＿＿＿＿

STEP 3 ●上級

14 □ What's new? 意味＿＿＿＿ 練習＿＿＿＿

15 □ Why don't we ～? 意味＿＿＿＿ 練習＿＿＿＿

単語・熟語の意味

1 □ 形 第3の，3番目の
2 □ 形 古い
3 □ 形 最後の
4 □ 副 1度，1回
5 □ 副 再び，もう一度
6 □ 間 やあ，こんにちは
7 □ 名 映画
8 □ 熟 映画を見に行く
9 □ 名 映画，フィルム
10 □ 名 場面，シーン
11 □ 動 see（見る）の過去形
12 □ 熟 ～の前で〔に〕
13 □ 名 映画館，劇場
14 □ 熟 何か変わったことある？
15 □ 熟 ～しませんか。

3 LET'S GO TO A MOVIE. 映画に行こう

解答・考え方は別冊 P.28

月　日

点

☆☆次の英文を読んで，あとの設問に答えなさい。 (20点×5)

遼がトムに映画を見に行こうと電話で誘っています。

Ryo : Tom? This is Ryo.

Tom : Hi, Ryo. What's new?

Ryo : Do you like movies, Tom?

Tom : Yes, ❶very much.

Ryo : ❷How about going to see a movie next Sunday?

Tom : O.K., but what's the film?

Ryo : Did you see "The Third Man"?

Tom : Oh, that's an old film. The last scene is great. I saw it once, but I want to see it again.

Ryo : ❸Why don't we meet in front of the theater at ten?

Tom : O.K., then.

(1) 語句の省略　下線部❶の前に省略されている3語を補いなさい。

Yes, ＿＿＿＿＿＿＿＿＿＿ very much.

(2) 熟語の知識　下線部❷・❸を日本文になおしなさい。

❷ (　　　　　　　　　　)

❸ (　　　　　　　　　　)

(3) 内容の理解　次の質問に英文で答えなさい。

(a) Did Tom ever see "The Third Man"?

＿＿＿＿＿＿＿＿＿＿

(b) Is Ryo going to a movie with Tom next Sunday?

＿＿＿＿＿＿＿＿＿＿

(1)主語に注意する。

(2)❷ How about ～ing? の意味は？

❸ Why don't we ～?, in front of ～の意味は？

左ページを見よ

(3)(a) I saw it once に注意。

(b)遼とトムは結局映画を見に行くのかどうかを考える。

On the Phone 電話で話そう

単語・熟語の解説は別冊 P.28

意味 意味を書いてみましょう。 練習 つづりの練習をして覚えましょう。

STEP 1 ●基礎

1 □ **leave** [líːv]（リーヴ） 意味＿＿＿＿ 練習＿＿＿＿

2 □ **take** [téik]（テイク） 意味＿＿＿＿ 練習＿＿＿＿

3 □ **station** [stéiʃən]（ステイション） 意味＿＿＿＿ 練習＿＿＿＿

4 □ **home** [hóum]（ホウム） 意味＿＿＿＿ 練習＿＿＿＿

5 □ **before** [bifɔ́ːr]（ビフォーァ） 意味＿＿＿＿ 練習＿＿＿＿

6 □ **get** [gét]（ゲット） 意味＿＿＿＿ 練習＿＿＿＿

7 □ **get to ～** 意味＿＿＿＿ 練習＿＿＿＿

8 □ **long** [lɔ́ːŋ]（ローング） 意味＿＿＿＿ 練習＿＿＿＿

STEP 2 ●中級

9 □ **train** [tréin]（トゥレイン） 意味＿＿＿＿ 練習＿＿＿＿

10 □ **have to ～** 意味＿＿＿＿ 練習＿＿＿＿

11 □ **change** [tʃéindʒ]（チェインヂ） 意味＿＿＿＿ 練習＿＿＿＿

12 □ **from ～ to ...** 意味＿＿＿＿ 練習＿＿＿＿

13 □ **trip** [tríp]（トゥリップ） 意味＿＿＿＿ 練習＿＿＿＿

STEP 3 ●上級

14 □ **a.m.** [éiém]（エイエム） 意味＿＿＿＿ 練習＿＿＿＿

15 □ **change trains** 意味＿＿＿＿ 練習＿＿＿＿

単語・熟語の意味

1 □ 動 去る，出発する
2 □ 動 乗る，(時間が)かかる
3 □ 名 駅
4 □ 名 家庭，家
5 □ 前 ～の前に
6 □ 動 連れて行く
7 □ 熟 ～に着く
8 □ 形 長い
9 □ 名 列車，電車
10 □ 熟 ～しなければいけない
11 □ 動 変える，取りかえる
12 □ 熟 ～から…まで
13 □ 名 旅行
14 □ 副 午前
15 □ 熟 乗り換える

4 A TRIP TO HIROSAKI 旅行の打ち合わせ

解答・考え方は別冊 P.28・29

月	日
	点

☆☆次の英文を読んで，あとの設問に答えなさい。 （20点×5）

トムは遼といっしょに，青森県の弘前（ひろさき）にいる友だちの博に会いに行くことになり，最後の打ち合わせを電話でしています。

Tom : Hello, Ryo. This is Tom. ❶<u>What time do we leave tomorrow morning?</u>

Ryo : We're taking the 8:00 a.m. train from Tokyo Station, so we have to leave home before seven.

Tom : Does the train get us to Hirosaki?

Ryo : No. ❷<u>We get to Aomori about 11:00 a.m., and we change trains there.</u> It takes about forty minutes from Aomori to Hirosaki.

Tom : That's a long trip.

111

(1) 熟語などの知識 下線部❶・❷を日本文になおしなさい。

❶ （　　　　　　　　　　　　　　　　　　　　　　）

❷ （　　　　　　　　　　　　　　　　　　　　　　）

(2) 内容の理解 それぞれの質問に日本語で答えなさい。

(a) 遼とトムは，最初にどこの駅から何時の列車に乗りますか。

（　　　　　　　　　　　　　　　　　　　　　　）

(b) 遼とトムは何時に家を出ますか。

（　　　　　　　　　　　　　　　　　　　　　　）

(c) 遼とトムは，東京から弘前までどれくらいの時間列車に乗りますか。ただし，待ち合わせ時間などは含めません。

（　　　　　　　　　　　　　　　　　　　　　　）

(1)❶ What time の意味は？

❷ get to ～, change trains の意味は？

左ページを見よ

(2)(a)英文3～4行目に注目。

(b)英文4行目に注目。

(c)青森までの時間と，青森から弘前までの時間は？

112

On the Phone 電話で話そう

単語・熟語の解説は別冊 P.29

意味 意味を書いてみましょう。 練習 つづりの練習をして覚えましょう。

STEP 1 ●基礎

1 □ **anything** [éniθìŋ] (エニィスィング) 意味 ____ 練習 ____

2 □ **wrong** [rɔ́ːŋ] (ローング) 意味 ____ 練習 ____

3 □ **bad** [bǽd] (バッド) 意味 ____ 練習 ____

4 □ **cold** [kóuld] (コウルド) 意味 ____ 練習 ____

5 □ **answer** [ǽnsər] (アンサァ) 意味 ____ 練習 ____

6 □ **now** [náu] (ナウ) 意味 ____ 練習 ____

7 □ **call** [kɔ́ːl] (コール) 意味 ____ 練習 ____

STEP 2 ●中級

8 □ **bed** [béd] (ベッド) 意味 ____ 練習 ____

9 □ **phone** [fóun] (フォウン) 意味 ____ 練習 ____

10 □ **answer the phone** 意味 ____ 練習 ____

11 □ **That's too bad.** 意味 ____ 練習 ____

12 □ **come and see ～** 意味 ____ 練習 ____

13 □ **message** [mésidʒ] (メセッヂ) 意味 ____ 練習 ____

STEP 3 ●上級

14 □ **Is ～ in?** 意味 ____ 練習 ____

15 □ **fever** [fíːvər] (フィーヴァ) 意味 ____ 練習 ____

単語・熟語の意味

1 □ 代 (疑問文で)何か
2 □ 形 具合が悪い
3 □ 形 ひどい, 悪い
4 □ 名 かぜ
5 □ 動 応答する, 答える
6 □ 副 今
7 □ 動 電話をかける
8 □ 名 ベッド
9 □ 名 電話
10 □ 熟 電話に出る
11 □ 熟 それはお気の毒に。
12 □ 熟 ～に会いに来る〔行く〕
13 □ 名 伝言
14 □ 熟 (電話で)～さんいますか。
15 □ 名 熱, 発熱

5 TOM HAS A COLD. かぜだいじょうぶ？

解答・考え方は別冊 P.29

月　　日

点

☆☆次の英文を読んで，あとの設問に答えなさい。　(20点×5)

遼はトムに電話をかけたのですが…。

Ryo : This is Ryo. Is Tom in?

Mrs. White : Yes, but he is in bed.

Ryo : ❶Is anything wrong with him?

Mrs. White : Yes, he has a bad cold. He has a fever. ❷He can't answer the phone now.

Ryo : ❸That's too bad. Can I come and see him?

Mrs. White : ❹No, not now. Any message for him?

Ryo : No, Mrs. White.

Mrs. White : Call again tomorrow.

Ryo : All right, then. Bye bye.

113

(1) 熟語などの知識　下線部❶～❸を日本文になおしなさい。

❶ (　　　　　　　　　　　　)

❷ (　　　　　　　　　　　　)

❸ (　　　　　　　　　　　　)

(2) 語句の省略　下線部❹を省略された語句を補って日本文になおしなさい。

(　　　　　　　　　　　　)

(3) 内容の理解　トムはなぜベッドで寝ているのか，その理由を日本語で説明しなさい。

(　　　　　　　　　　　　)

ポイント

(1)❶疑問文であることに注意。
❷ answer the phoneの意味に注意。
❸決まった言い方になる。
左ページを見よ
(2)直前の文に注目する。
(3)英文４行目に注目する。

セクション 9 まとめのテスト

電話で話そう

月　日

点

解答は別冊 P.29・30

1 次の英語は日本語に，日本語は英語になおしなさい。 （2点×16）

(1)	answer	(　　　　)	(2)	train	(　　　　)
(3)	again	(　　　　)	(4)	movie	(　　　　)
(5)	think	(　　　　)	(6)	birthday	(　　　　)
(7)	finish	(　　　　)	(8)	homework	(　　　　)
(9)	ベッド	＿＿＿＿＿	(10)	かぜ	＿＿＿＿＿
(11)	駅	＿＿＿＿＿	(12)	計画	＿＿＿＿＿
(13)	長い	＿＿＿＿＿	(14)	最後の	＿＿＿＿＿
(15)	歌う	＿＿＿＿＿	(16)	パーティー	＿＿＿＿＿

2 次の AB と CD の関係がほぼ同じになるように，D に適語を入れなさい。 （2点×5）

	A	B	C	D
(1)	afternoon	p.m.	morning	＿＿＿＿＿
(2)	right	write	buy	＿＿＿＿＿
(3)	buy	bought	see	＿＿＿＿＿
(4)	1	first	3	＿＿＿＿＿
(5)	think	thinking	live	＿＿＿＿＿

3 次の語群を，日本文に合うように並べかえなさい。 （8点×2）

(1) あなたは大阪で列車を乗り換えたのですか。

(at / change / you / Osaka / did / trains / ?)

＿＿＿＿＿＿＿＿＿＿＿＿＿＿＿＿＿＿＿＿＿＿＿＿＿

(2) そのホテルの前に建物が見えますか。

(see / the / the / can / of / you / hotel / building / front / in / ?)

＿＿＿＿＿＿＿＿＿＿＿＿＿＿＿＿＿＿＿＿＿＿＿＿＿

4 次の英文を読んで，あとの設問に答えなさい。 （6点×7）

トムにアメリカにいるおばあさんから電話がかかってきました。

Tom : Hello?

Grandma : Hello, Tom. This is your grandma. Is your Mom there?

Tom : Hi, grandma! Yes, just a moment.

Mrs. White : Hello, Mom. ❶Is anything wrong?

Grandma : No, nothing is wrong. I just want to ask something. ❷When are you coming back this summer?

Mrs. White : We leave Tokyo on July 30, but first we go to Kyoto and Osaka. We are going to do some sightseeing there. We are going to leave Japan on August 1.

Grandma : I see. ❸Come back as soon as possible. I miss you all.

Mrs. White : I miss you, too. Don't come to the airport. Please wait for us at home.

［注］ nothing：何も～ない　(do) sightseeing：観光(をする)
you all：あなたたち全員　airport：空港　wait for ～：～を待つ

115

(1) 下線部❶が指す内容に最も近いものを1つ選び，記号を○でかこみなさい。

ア　本当にお母さんですか？　　イ　何か具合が悪いことでもあったの？

ウ　ここの天気がよくないの。　　エ　今どこから電話しているの？

(2) 下線部❷・❸を日本文になおしなさい。

❷ （　　　　　　　　　　　　　　　　　　　　　　　）

❸ （　　　　　　　　　　　　　　　　　　　　　　　）

(3) 本文の内容と合うものには○を，合わないものには×をつけなさい。

ア〔　　〕おばあさんの電話に最初に出たのはトムである。

イ〔　　〕ホワイトさん一家は7月30日にアメリカ行きの飛行機に乗る。

ウ〔　　〕京都と大阪では観光をする予定である。

エ〔　　〕空港におばあさんが出迎えに来てくれることになっている。

総合テスト❶

解答は別冊 P.30・31

月　日

点

◇次の英文を読んで，あとの設問に答えなさい。　(10点×10)

奈々(*Nana*)とアメリカからの交換留学生(an exchange student)であるマイク(*Mike*)との会話です。

Mike : Excuse me. Can I sit here and talk with you?

Nana : [❶]

Mike : Oh, thank you. I'm Mike.

Nana : I'm Nana.
Are you going to Hiroshima?

Mike : Yes. I'm a new exchange student at Midori Junior High School. Tomorrow is my [❷] day there.

Nana : Really? ❸<u>I can't believe it.</u> I go to the same school. Where are you going to live?

Mike : I don't know yet. My host family is waiting at the station and will take me to their home.

Nana : I see. Hiroshima is a beautiful city and also has a lot of nice places for visitors. So many people have a good time in Hiroshima.

Mike : Peace Memorial Park is one of ❹<u>them</u>, right?

Nana : That's right. I visit it every summer with my family. Peace is very important. We always remember ❺<u>that</u>.

Mike : I agree. Peace is so important.

Nana : Here we are! I enjoyed talking with you.

Mike : [❻] Can you show me around the city sometime?

Nana : Sure. Let's talk more about it at school tomorrow.

Mike : OK. See you tomorrow.

[注] believe：信じる　not ～ yet：まだ～ない　host family：ホームステイ先の家族　will：～だろう　take：連れて行く　also：また　nice：すてきな　visitor：訪問者　so：それで，とても　Peace Memorial Park：平和記念公園　peace：平和　important：重要な　always：いつも　remember：思い出す　agree：同意する　talking：話すこと　show ～ around ...：～に…を案内する　sometime：いつか　more：もっと

116

(1) 会話中の ❶ ・ ❻ に入る最も適切なものを1つずつ選び，記号を○でかこみなさい。

❶ ア No, you can't.　イ Sure.　ウ That's too bad.

❻ ア No way.　イ Good luck.　ウ Me, too.

(2) ❷ に入る最も適切な語を，前後の内容から考えて1語書きなさい。ただし，f で始まる語とします。

＿＿＿＿＿＿＿＿

(3) 次の文は会話中の下線部❸について，なぜ奈々がそのような気持ちになったかを説明したものです。(　　)に適切な日本語を補いなさい。

マイクは交換留学生で，(　　　　　　　　　　　　　　　　　　　　)だということがわかったから。

(4) 下線部❹・❺が指す内容をそれぞれ日本語で説明しなさい。

❹ (　　　　　　　　　　　　　　　　　　　　)

❺ (　　　　　　　　　　　　　　　　　　　　)

(5) 次の質問(a)・(b)の答えとして適切なものを1つずつ選び，記号を○でかこみなさい。

(a) Where are Mike and Nana talking?

ア They are talking at the station.

イ They are talking at Peace Memorial Park.

ウ They are talking on the train.

(b) When does Nana visit Peace Memorial Park with her family?

ア She visits it every morning.

イ She visits it every summer.

ウ She doesn't visit the museum in summer.

(6) 会話の内容と合うものを1つ選びなさい。

ア マイクは少し前から広島に住んでいる。

イ 奈々はマイクが中学生だと前から知っていた。

ウ マイクと奈々が会うのは今日が初めてである。

エ マイクはホームステイ先の家の場所についてよく知っている。

(7) 次はマイクと奈々の翌日の会話である。＿＿に適する語を書きなさい。 (完答)

Nana : Let's talk about the plan for next Sunday. Where do you want to go?

Mike : ＿＿＿＿＿＿ ＿＿＿＿＿＿ Peace Memorial Park? We talked about it yesterday.

総合テスト ❷

月　日

点

解答は別冊 P.31

◇次の英文と資料を読んで，あとの設問に答えなさい。　(10点×10)

中学生の順子と日本に来て間もない留学生のフレッドとの会話です。

Fred : Please tell me about your school, Junko.

Junko : O.K. Well, we have about ❶350 students in our school. Our first class (❷) at ❸8:45. We usually have four ❹(class) in the morning and two ❹(class) in the (❺). We have (❻) from 12:35 to 1:15.

Fred : What's your favorite subject?

Junko : English. I'm really interested in English.

Fred : Great! You're in the seventh grade now. Is that right?

Junko : Yes. I belong to Ms. Yamada's class. She teaches music.

Fred : What do you and your friends usually do after school?

Junko : Most of us do club activities. Baseball, tennis, and brass band are very popular. But we have to (❼) school by 5 o'clock.

Fred : I see. I'm ❽(to / your school / visiting / looking forward).

1校時	8：45～ 9：35
2校時	9：45～10：35
3校時	10：45～11：35
4校時	11：45～12：35
(昼食)	12：35～13：15
5校時	13：15～14：05
6校時	14：15～15：05
(部活動) 最終下校時刻	17：00

［注］ tell：話す　grade：～学年　after school：放課後
most of ～：～のほとんど　brass band：ブラスバンド

118

(1) 下線部❶を読む通りに英語で書きなさい。

____

(2) ❷の( )内にふさわしい語を次から1つ選びなさい。

ア goes　イ leaves　ウ comes　エ begins

(3) 下線部❸を読む通りに英語で書きなさい。

____

(4) ❹の( )内の語を正しい形にかえなさい。

____

(5) ❺の( )内にふさわしい語を書きなさい。

____

(6) ❻の( )内にふさわしい語を書きなさい。

____

(7) ❼の( )内にふさわしい語を次から1つ選びなさい。

ア begin　イ go　ウ leave　エ come

(8) ❽の( )内の語句を正しく並べかえなさい。

I'm ____.

(9) それぞれの質問に英文で答えなさい。

(a) Is Junko Ms. Yamada's student?

____

(b) Is Junko interested in English?

____

総合テスト ③

解答は別冊 P.31・32

月　日

点

◇次の英文を読んで，あとの設問に答えなさい。 (20点×5)

奈美(なみ)と留学中のケリーとの会話です。

Kelly : It's very warm in April in Nagoya. It's not so warm in New York now.

Nami : Really? Kelly, here we are. This is the room for teachers.

Kelly : Wow, big room! Does your school have many teachers?

Nami : Yes, it does. We have about forty teachers in this room. They're all very kind.

Kelly : That's nice. Where is your English classroom?

Nami : English classroom? What do you mean?

Kelly : I mean, "Where do you study English?"

Nami : We usually study English and other subjects in our classroom.

Kelly : Do you?

Nami : Yes. How about you?

Kelly : We go to the English classroom and study it there. We study each subject in a different classroom.

Nami : That's interesting. Oh, the first class starts in ten minutes. Kelly, we usually have six classes every day, but today we have five. We have lunch after the third class. And after school we have a meeting about our school trip.

Kelly : I see. When and where will you go on the trip?

Nami : We go to Hokkaido by plane next month. We stay there for three days.

Kelly : Wow, exciting! We don't have that kind of trip in America. Can I join you?

Nami : I think so. Hokkaido is very cold. You should wear a sweater there.

[注] classroom：教室　other：ほかの　each：それぞれの　different：別の
meeting：打ち合わせ　will you ～：～する予定ですか　kind：種類
should：～すべきだ　sweater：セーター

120

(1) 次のそれぞれの質問に対する正しい答えの文を1つずつ選びなさい。

(a) When and where are Nami and Kelly talking?

ア They're talking in front of the room for teachers before the first class.

イ They're talking in their classroom after the first class.

ウ They're talking in front of the room for teachers after school.

エ They're talking in their classroom during the first class.

(b) Does Nami's school have many teachers?

ア Yes, she does.　　イ No, she doesn't.

ウ Yes, it does.　　エ No, it doesn't.

(c) Which one is right about the life at Kelly's school in New York?

ア Students are all kind to about forty teachers.

イ Students study many subjects in their classroom.

ウ Students move from one classroom to another for each subject.

エ Students have a meeting about their school trip after school.

(2) 次のそれぞれの質問に対する正しい答えを1つずつ選び，記号で答えなさい。

(a) Which plan does Nami's school have today? 〔　　〕

ア

1 限	授 業
2 限	授 業
3 限	授 業
	昼 食
	集 会
4 限	授 業
5 限	授 業

イ

1 限	授 業
2 限	授 業
3 限	授 業
	昼 食
4 限	授 業
5 限	授 業
	集 会

ウ

1 限	授 業
2 限	授 業
3 限	授 業
4 限	授 業
	昼 食
5 限	授 業
	集 会

エ

1 限	授 業
2 限	授 業
3 限	授 業
4 限	授 業
	昼 食
5 限	授 業
6 限	授 業

(b) When and how do students in Nami's school go on the school trip? 〔　　〕

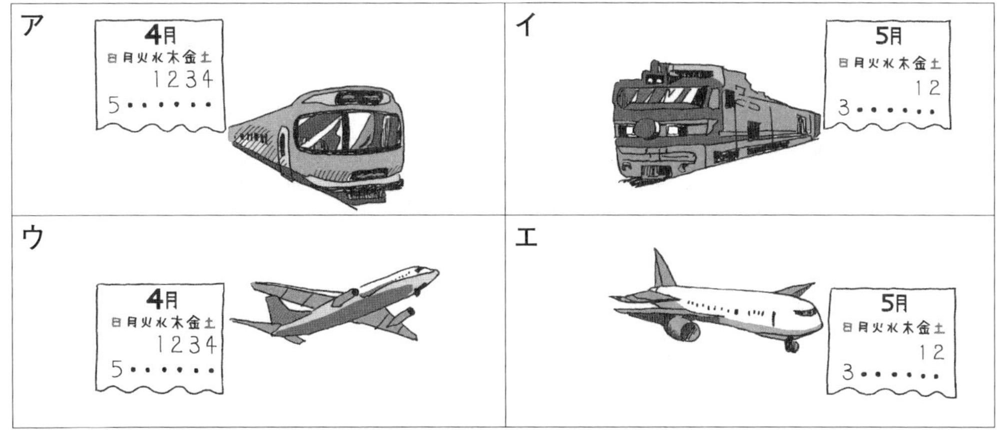

総合テスト ④

月　日

点

解答は別冊 P.32

◇次の英文を読んで，あとの設問に答えなさい。　(1)・(2) 10 点，(3) 20 点

Nancy と Taro の電話での会話です。

Taro : Hello, this is Taro.

Nancy : Hi, Taro. This is Nancy.
Are you free now?

Taro : Yes. I am just listening to music.

Nancy : Did you finish the homework?

Taro : Yes, I did it this morning.

Nancy : Oh, really? I tried it last night, but I didn't finish.

Taro : Do you need my help?

Nancy : Yes, I do. You're so kind!

Taro : Kazuo also asked for my help last night. Now he is playing soccer at school. We'll meet at the city library and start the homework at 2:00. Can you join us?

Nancy : That's great! But where can we study in the library? Does the library have any rooms for such purposes?

Taro : It does. It has small rooms. Let's meet Kazuo in front of the library and study in the room until 5:00.

Nancy : OK. But where is the library? How can I get there? By train?

Taro : No. You can get there by bus. We can go together.
Can you come to the bus stop at Higashi Park at 1:30?

Nancy : OK. See you there.

Taro : See you then!

［注］ free：ひまな　music：音楽　try：試みる　need：必要とする
also：～もまた　ask for ～：～を求める　We'll：～する予定だ
start：始める　join：加わる　such：そのような　purpose：目的
together：いっしょに　bus stop：バス停

122

(1) それぞれの質問に，英文で答えなさい。

(a) Did Taro finish the homework last night?

____

(b) Did Nancy finish the homework last night?

____

(c) Does Nancy need Taro's help?

____

(d) Does Nancy know the way to the city library?

____

(2) それぞれの質問に日本語で答えなさい。

(a) Taro は Nancy から電話がかかってきたとき，何をしているところでしたか。

(　　　　　　　　　　　　　　　　　　　　　　　　　　　　)

(b) Kazuo は今，学校で何をしていますか。

(　　　　　　　　　　　　　　　　　　　　　　　　　　　　)

(c) 3 人は図書館で，何時間勉強する予定ですか。

(　　　　　　　　　　　　　　　　　　　　　　　　　　　　)

(d) Nancy と Taro は，図書館までどのような方法で行きますか。

(　　　　　　　　　　　　　　　　　　　　　　　　　　　　)

(3) 3 人が落ち合う場所は，次の絵のどれですか。記号で答えなさい。　〔　　〕

ア	イ	ウ	エ
		図書館	BUS

さくいん

「中学基礎100」アプリ テスト前 5科4択 で，
スキマ時間にもテスト対策！

問題集

日常学習
テスト1週間前

『中学基礎がため100%』
シリーズに取り組む！

アプリ

定期テスト直前！

テスト必出問題を
「4択問題アプリ」で
チェック！

アプリの特長

『中学基礎がため100%』の
5教科各単元に
それぞれ対応したコンテンツ！
＊ご購入の問題集に対応した
コンテンツのみ使用できます。

テストに出る重要問題を
4択問題でサクサク復習！

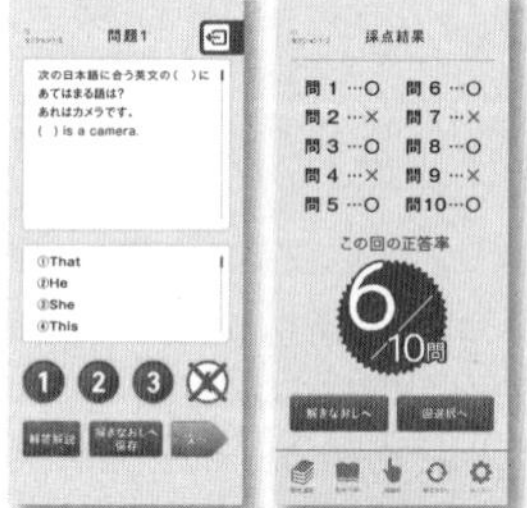

間違えた問題は「解きなおし」で，
何度でもチャレンジ。
テストまでに100点にしよう！

＊アプリのダウンロード方法は，本書のカバーそで（表紙を開いたところ），または1ページ目をご参照ください。

中学基礎がため100%
できた！ 中1英語
単語・読解

2021年 2 月　第1版第1刷発行
2024年 1 月　第1版第6刷発行

発行人／志村直人
発行所／株式会社くもん出版
〒141-8488
東京都品川区東五反田2−10−2　東五反田スクエア11F
☎ 代表　03(6836)0301
編集直通　03(6836)0317
営業直通　03(6836)0305

印刷・製本／図書印刷株式会社

デザイン／佐藤亜沙美（サトウサンカイ）
カバーイラスト／いつか
本文イラスト／くぬぎ太郎・とよしまやすこ・渡邊ゆか
本文デザイン／岸野祐美・永見千春・池本円（京田クリエーション）・TENPLAN
編集協力／岩谷修
音声制作／ブレーンズギア
ナレーター／Cyrus Sethna・Jeff Manning・
Julia Yermakov・Rumiko Varnes

ISBN 978-4-7743-3110-2

CD57507
くもん出版ホームページ　https://www.kumonshuppan.com/
＊本書は『くもんの中学基礎がため100%　中1英語　単語・読解編』を改題し，新しい内容を加えて編集しました。

本書に出てくる熟語一覧

a few ～	2，3の～
a large number of ～	とても多くの～
a lot of ～	たくさんの～
amusement park	遊園地
answer the phone	電話に出る
arrive at ～	～に着く
as soon as possible	できるだけ早く
be afraid of ～	～をこわがる
be from ～	～の出身である
be going to ～	～するつもりだ
be interested in ～	～に興味がある
be popular among ～	～に人気がある
be proud of ～	～を誇りに思う
begin with ～	～で〔から〕始める
belong to ～	～に属している
big brother	兄
Can I help you?	(店で)いらっしゃいませ。
change trains	乗り換える
come and see ～	～に会いに来る〔行く〕
come back	もどる，帰る
come from ～	～の出身である
come on	さあ，ばか言うな
come over to ～	～へやって来る
credit card	クレジットカード
each other	お互い(に)
elementary school	小学校
every day	毎日
every month	毎月
every year	毎年
Excuse me.	失礼ですが。
Ferris wheel	(大)観覧車
fly to ～	～へ飛行機で行く
for now	とりあえず，今は
for one's age	～の年の割には
from ～ to ...	～から…まで
get off (～)	(～から)降りる
get on (～)	(～に)乗る
get to ～	～に到着する〔着く〕
get up	起きる
go on ～	～に乗りこむ
go to (see) a movie	映画を見に行く
Good luck.	がんばってね。
good morning	おはよう
have a good time	楽しい時を過ごす
have to ～	～しなければいけない
head for ～	～へ向かう
help ～ with ...	～の…を手伝う
help with ～	～を手伝う
Here we are.	さあ着きましたよ。
Here we go.	さあ，行くぞ。
Here you are.	さあどうぞ。
How ～!	何て～なのだろう。
How about ～?	～はどう〔いかが〕ですか。
How about ～ing?	～してはどうですか。
How many ～?	いくつ〔何人〕～か。
How much ～?	(値段が)いくら？
hurry up	急ぐ
I see.	わかりました。
I think so.	そう思います。
in a hurry	急いで，あわてて
in class	授業中
in front of ～	～の前で〔に〕
in the future	将来(に)
in the near future	近い将来(に)
invite ... to ～	…を～に招く
Is ～ in?	(電話で)～さんいますか。
Is that ～?	(電話で)～さんですか。
Just a minute.	少し待ってください。

ていねいに引っぱってください。別冊解答になります。

中学基礎がため100%

できた！中1英語

単語・読解

別冊

解答と解説

➡のあとの数字は，「中１英語・文法」のまとめのページの チェック の番号に対応しています。

セクション1 英語で言ってみよう

▶1～5の解答は省略

1 まとめのテスト P.14・15

1 答 (1) リンゴ (2) 卵 (3) 飛行機 (4) 犬 (5) ピアノ (6) テーブル (7) テレビ (8) ライオン (9) 置き時計 (10) いす (11) ネコ (12) 船

考え方 (5) [ピアノゥ]の発音。
(6) 正しい発音は[テイブル]。
(7) 「テレビ」は和製英語で通じない。

2 答 (1) tea (2) car (3) ham (4) truck

考え方 (1) tea(茶)以外は動物。
(2) car(自動車)以外は植物。
(3) ham(ハム)以外は乗り物。
(4) truck(トラック)以外は飲み物。

3 答 (1) egg (2) bus (3) dog (4) cat (5) apple (6) piano

セクション2 はじめまして

2-1 あいさつしよう P.16・17

STEP1-3 の解説

3 **Good morning.**：「おはよう(ございます)」の意味で，午前中に使うことができる。

7 **goodbye**：good-by あるいは good-bye とつづることもある。

10 **hurry up**：「急ぐ」の意味だが，このように2語以上である意味を表すものを本書では「熟語」と呼んでいる。「成句」「慣用句」などということもある。

11 **O.K.**：OK と(.)を打たないこともある。

15 **mom**：mother よりくだけた言い方。文中では Mom のように大文字で始めることもある。

P.17の解答

答 (1) おはよう(ございます)
(2) seven thirty
(3) イ
(4) 気をつけなさい。
(5) Mother[mother]

考え方 (1) 午後には afternoon(午後)という語を使って Good afternoon. と言う。
(3) 出かけるところだから「行ってまいります」がよい。
(4) 気軽なあいさつで「じゃあね」などの意味でも使うことがある。

•全訳•

トム：おはよう，お母さん。
お母さん：おはよう，トム。7時半ですよ。急ぎなさい。
トム：わかった。
・・・・・・・・・・
トム：行ってまいります，お母さん。
お母さん：行ってらっしゃい，トム。気をつけるのよ。
トム：はい，お母さん。

2-2 自己紹介 P.18・19

STEP1-3 の解説

2 **my**：「私の」の意味で，「の」まで含まれることに注意。名詞の前に使われる。

4 **I**：「私は」の意味で，「は」まで含まれる。主語として使う。

5 **am**：主語が I のとき「～です」にあたる語。

7 **～ years old**：1歳のときは，one year old と year に s はつけない。

8 **live**：発音に注意。[láiv]と発音すると別の語で，「生きている」の意味の形容詞。

9 **with**：ここでは「～といっしょに」の意味だが，with にはほかにもいろいろな意味がある。

11 **sister**：この語だけで「姉」と「妹」を区別することはできない。「姉」とはっきりさせたいときは，older[big] sister と言い，「妹」は younger [little] sister と言う。これは「兄弟」の brother についても同じ。

15 **parent**：parents と複数形にすると「両親」の意味になる。

P.19の解答

答 (1) 私の名前はトム・ホワイトです。
(2) am (3) brother (4) イ，ウ

考え方 (1) my は「私の」の意味である。
(2) 主語が I のときの be 動詞は am。
(3) 兄〔弟〕は brother。
(4) 全訳を参照。

•全訳•

みなさん，こんにちは。私の名前はトム・ホワ

イトです。私はアメリカ出身で，12 歳です。

私は家族 —— 両親と妹のジェーン —— といっしょに住んでいます。

②-3 家族の紹介 P.20・21

STEP1-3 の解説

① **have**：「持っている」が基本の意味。この語はいろいろな意味で使われるので，出てくるたびに辞書で確認していくようにしよう。

③ **she**：「彼女は」の意味。I－my の関係と she－her の関係は同じ。

⑤ **father**：発音に注意。[fɑ́ːðər]（ファーザァ）と伸ばす。

⑥ **work**：「働く」という動詞のほかに，「働くこと，仕事」の意味の名詞でも使うことがある。

⑪ **elementary school**：elementary は「初歩の，基礎の」，school は「学校」の意味。

⑫ **American**：「アメリカ（人）の」という形容詞のほかに，「アメリカ人」という名詞でも使う。

⑬ **every day**：every は「毎～」，day は「日」の意味。

• その他 •

● **Mrs.**：結婚している女性の前につける敬称。Mrs と(.)を打たないこともある。

● **on Sundays**：Sundays と複数形にすると「日曜日にはいつも」の意味合いを含む。

P.21 の解答

答 (1) ❶ goes ❸ has

(2) イ (3) ア，オ

考え方 (1) go には es をつけ，have は has に。
(2) American は母音で始まっているので，a ではなく an を使う。
(3) ア 英文1行目の内容と一致。
オ 英文4～6行目の内容と一致。

• 全 訳 •

私には妹が1人います。彼女の名前はジェーンです。彼女は 10 歳です。彼女は本町（ほんちょう）小学校へ通っています。

私の父は東京で働いています。彼は東京にあるアメリカの会社に勤めています。彼は毎日とても忙しいです。

私の母は仕事を持っていません。彼女は日曜日には佐藤夫人の家で生け花を習っています。

②-4 ふるさとの紹介 P.22・23

STEP1-3 の解説

⑤ **city**：語尾が〈子音字＋y〉になるので，複数形は cities になる。

⑥ **small**：large や big の反意語（反対の意味を表す語）になる。

⑦ **town**：話し言葉では town は city の意味で使われることもある。

⑨ **can**：「～することができる」の意味を表す助動詞で，主語に関係なく〈can＋動詞の原形〉。

⑬ **grandpa**：grandfather のくだけた言い方。

⑭ **grandma**：grandmother のくだけた言い方。

⑮ **hometown**：home（故郷・わが家）と town（町）を合わせてできた語と考える。

P.23 の解答

答 (1) ア

(2) 故郷の私の家から，私たちはミシガン湖を見ることができます。

(3) (a) No, I don't[do not].

(b) No, I don't[do not].

(c) Yes, it is.

考え方 (1) どれが最も中心になっている語か。
(2) from は「～から」，in は「～に（ある）」の意味を表す。
(3) (a) 英文1～2行目を参照する。
(b) 英文2～3行目を参照する。
(c) 英文4～5行目を参照する。

• 全 訳 •

私は今東京に住んでいますが，私の故郷はイリノイ州のシカゴの近くのレーク・フォレストです。私のおじいちゃんとおばあちゃんはそこに住んでいます。

シカゴはとても大きな都市ですが，レーク・フォレストは小さな町です。

レーク・フォレストはとても美しい町です。故郷の私の家から私たちはミシガン湖を見ることができます。

②-5 先生の自己紹介 P.24・25

STEP1-3 の解説

① **class**：最初の文の class は「クラスのみなさん」という，呼びかけの言葉。最後の文の class は「授業」の意味。

2 **you**：「あなたは」「あなたたちは」の両方の意味を表すが，You are new students .... と複数形の名詞が続いているので「あなたたちは」。

3 **are**：are は主語が you のときと，主語が複数のときに使われる be 動詞。

4 **new**：new student で「新入生」(←「新しい生徒」)の意味。

5 **student**：「生徒，学生」の意味で，中学生以上に使うのがふつう。

6 **teacher**：-er は動詞について人を表す語になる。teach (教える) + er →教える人=「教師」。ほかに play (〔スポーツなどを〕する) + er → player (選手) などがある。

8 **too**：too は文末に置いて，その前にコンマ (,) をつけるが，コンマはつけないこともある。

12 **another**：an + other からできた語なので，このあとには単数形の名詞が続く。

13 **homeroom**：home room と2語で使うこともあるが，1語のほうがふつう。

14 **help with** ～：「～を手伝う」と言う場合，～に人がくる場合は help ～とし，人以外のものなどがくる場合は help with ～とする。

P.25の解答

答 (1) ① 神奈川(県)　② 英語

(2) (a) Yes, he is.

(b) Mr. (Jim) Brown does.

考え方 (2) (a) 英文4行目から考える。
(b) 英文7～9行目から考える。

•全訳•

みなさん，こんにちは。私の名前は田中健治です。私は神奈川県の出身です。

あなたたちは中学校の新入生です。私もここの新任教師です。

私はあなたたちの担任で，英語を教えます。

もう1人英語の先生がいます。ジム・ブラウン先生です。彼は今年私の英語の授業を手伝ってくれます。

P.27の解答

答 (1) one, first　(2) two, second

(3) three, third　(4) five, fifth

(5) eight, eighth　(6) nine, ninth

(7) twenty, twentieth

(8) twenty-two, twenty-second

(9) thirty-three, thirty-third

(10) forty-five, forty-fifth

(11) one[a] hundred (and) three,
one[a] hundred (and) third

(12) two hundred (and) one,
two hundred (and) first

(13) three hundred (and) two,
three hundred (and) second

(14) four hundred (and) five,
four hundred (and) fifth

2 まとめのテスト　P.28・29

1 答 (1) 英語(の)　(2) 美しい，きれいな
(3) 湖　(4) 家　(5) 家族
(6) 名前　(7) みんな　(8) 朝，午前
(9) new　(10) teacher　(11) help
(12) small　(13) near　(14) busy
(15) work　(16) go

2 答 (1) father　(2) am　(3) your
(4) twelve　(5) has

考え方 (2) 適切な be 動詞。➡ 7
(3) 「～の」の意味の語。➡ 20
(5) have の3人称・単数形。➡ 17

3 答 (1) I am your English teacher.
(2) I help my mother every day.

考え方 (1) I am ～. の文。➡ 7
(2) 一般動詞の文。➡ 9

4 答 (1) イ
(2) ア ×　イ ×　ウ ○
エ ×　オ ○

考え方 (1)・(2) それぞれの人物と動物の関係を整理する。絵美：ネコ1匹；名前はエイミー。 / 佐野先生：犬1匹；名前はメグ。 / 亜矢：ネコと犬を1匹ずつ；名前はそれぞれタマと太郎。

•全訳•

絵美は11歳です。彼女は家でかわいいネコを飼っています。そのネコの名前はエイミーです。彼らの名前はとてもよく似ています。

絵美の担任の先生は佐野先生，佐野めぐみ先生です。彼女は家で小さな犬を飼っています。その犬の名前はメグです…そうなんです，彼らの名前もとてもよく似ています。

私ですか？　私は亜矢です。ネコを1匹と犬を1匹家で飼っています。ネコの名前はタマで，

犬の名前は太郎です。まったく似ていません！

セクション 3 私の友だち

3-1 となりのトム P.30・31

STEP1-3 の解説

① **first**：first, second, third, fourth, fifth, sixth, seventh, eighth, ninth, tenth のうち，下線の語のつづりには十分注意しておこう。

⑤ **speak**：この語は特に外国語などを「話す」場合に多く使われる。

⑦ **understand**：つづり，アクセントどちらにも注意しておこう。

⑧ **him**：動詞などの目的語になる形。he(彼は)－his(彼の)－him(彼を)と変化する。

⑨ **study**：「勉強する」以外に「研究する」の意味でも使われることがある。

⑩ **hard**：副詞で「一生けんめいに」のほかに，「(雨などが)激しく(降る)」の意味でも使う。

⑫ **be**：am, is, are の be 動詞の原形で，can のあとの be 動詞は必ず be にする。

⑭ **can't**：cannot, can not の短縮形。can not と2語で使うことはあまりない。

⑮ **next door to ～**：next は「次の，となりの」の意味。

P.31 の解答

答 (1) 私は中学校の１年生です。

(2) ❷ with　❸ in

(3) (a) He lives next door to Ryo.

(b) No, he can't[cannot]. (He can't understand his English very much[well].)

考え方 (2) ❷ live with ～で「～と(いっしょに)住む」の意味。

❸ speak to ～ in English で「英語で～に話しかける」の意味。

(3) (a) 英文５行目に He lives next door to me. とある。

(b) 英文6～7行目に ... I can't understand him very much とある。

• 全 訳 •

私は山田遼です。私は中学校の１年生です。

今日，私たちのところにアメリカから来た新入生がいます。彼の名前はトム・ホワイトです。

彼は私のとなりに住んでいます。彼は家族といっしょに住んでいます。彼は私に英語で話しかけますが，私は彼をあまりよく理解できません。

私は英語を一生けんめい勉強します。彼と仲よしになれるでしょう。

3-2 テニス部でいっしょの健 P.32・33

STEP1-3 の解説

① **same**：ふつう the same ～の形で使う。

② **of**：A of B で「B の A」の意味。位置に注意。

④ **poor**：「へたな」の意味のほかに「貧乏な」の意味でもよく使われる。

⑤ **sometimes**：最後の s を忘れないように。

⑨ **player**：スポーツの「選手」のほかに，楽器の「演奏者」，「役者」の意味でも使うことがある。

⑬ **expensive**：この反対の意味を表す「安い」は cheap[tʃíːp]になる。

⑭ **professional**：「プロ」の意味の名詞として使うこともある。pro と略すことも多い。

⑮ **in the future**：future は「未来」の意味。

• その他 •

● **both**：「２人とも，両方とも」の意味。この文では副詞として使われている。

● **good**：「よい」が基本になる意味だが，本文では「上手な」の意味で使われている。

P.33 の解答

答 (1) 彼は将来プロのテニス選手になることができるでしょう〔なれるでしょう〕。

(2) (a) No, they are not[they aren't/they're not].

(b) Yes, he is.

(c) No, he does not[doesn't].

(d) He has five (tennis rackets).

考え方 (2) (a) 英文１行目に注目する。

(b) 英文１～２行目に注目する。

(c) 英文３行目の最初の文に注目する。

(d) 英文５行目に注目する。

• 全 訳 •

健と私は同じクラスではありません。しかし，私たちは２人ともテニス部のメンバーです。

私はへたな選手ですが，健はとても上手なテニス選手です。彼はときどき私たちのコーチを打ち負かすこともあります。

彼は５本のテニスラケットを持っています。それらはいいラケットで，とても高価なものです。

彼は将来プロのテニス選手になることができる

でしょう。

3-3 いとこの絵美 P.34・35

STEP1-3 の解説

1 **uncle**：「おば」は aunt[ǽnt]という。

2 **child**：複数形 children の発音[tʃíldrən]にも注意しておこう。

3 **friend**：-ie- のつづりに注意する。

7 **early**：時間などが「早く」の意味で，スピードが「速く」には使わない。なお，同じ形で「早い」の意味の形容詞にも使うことができる。

13 **stay at ～**：「～に滞在する」の意味だが，at のあとには場所〔建物〕を表す語(句)がくる。

14 **get up**：「立ち上がる」の意味でも使う。

15 **for one's age**：age は「年齢」の意味。

• その他 •

● **a good friend of mine**：mine は「私のもの」の意味で，「私の友人の 1 人」が直訳だが，「友だち」というときはこの言い方がふつう。my friend はかなり親しい人に使う。

● **now** [náu]：「今」が基本の意味になるが，命令文ではよく「もう(そろそろ)」の意味になる。

● **really**：「本当に」の意味の副詞。

● **like**：「～のような」の意味の前置詞で，動詞ではない。

P.35の解答

答 (1) children

(2) 彼女は朝とても早く起きます

(3) (a) She is[She's] staying at Ryo's house (with her mother).

(b) She is[She's] five (years old).

(c) No, she can't[cannot]. (She can write some *hiragana* and *katakana*.)

考え方 (2) get up は「起きる」の意味。

(3) (a) 英文 2 行目に注目。

(b) 英文 3 行目に注目。years old は状況から年齢だとわかる場合は省略可。

(c) 英文 4 ～ 5 行目に注目。

• 全 訳 •

絵美は私のいとこです。彼女は私のおじの子どもです。彼女はお母さんといっしょに私の家に滞在しているところです。

彼女は 5 歳です。でも彼女は私の仲のよい友だちです。彼女は年の割にはとてもよく話します。彼女はひらがなやカタカナをいくつか書けます。

彼女は朝とても早く起きて，私の部屋に来て，それから「もう起きて，もう起きてよ！」と叫びます。彼女は本当に私の妹のようです。

3-4 アメリカにいる大樹 P.36・37

STEP1-3 の解説

1 **stay**：「～に滞在する，～に泊まる」というとき，～にくる語が地名のときは in を(stay in Tokyo)，家や建物のときは at を(stay at the hotel)，人のときは with を(stay with Ken)使うのがふつう。

4 **enjoy**：アクセントの位置に注意しておこう。

7 **say**：say は[séi]の発音だが，3 人称・単数の s がついた says の発音は[séz]となる。

8 **really**：Really(↗)? と上げ調子で言うと，日本語と同じように「ホント？」の意味で使える。

9 **classmate**：class(クラス)と mate(仲間，友だち)が合わさってできた語。

10 **trip**：make[take] a trip で「旅行する」の意味になる。

11 **big brother**：「弟」は little brother という。ただし。英米では特に必要がないかぎり brother だけですませるのがふつう。sister についても同じ。

13 **hotel**：アクセントの位置に注意しておこう。

14 **(the) United States**：the United States of America を短くしたもの。アメリカ人は自国を指して単に the States と言うこともある。

15 **(the) Statue of Liberty**：statue は「彫像」，liberty は「自由」の意味。

P.37の解答

答 (1) 彼はお兄さんと(いっしょに)旅行を楽しんでいます。

(2) cities (3) イ，オ，カ

考え方 (2) y を i にかえて es をつける。

(3) ア「遼と大樹(だいき)は兄弟です」 イ「大樹は今アメリカ合衆国に滞在しています」 ウ「大樹は今日本でお兄さんといっしょにいます」 エ「遼はアメリカ合衆国に大樹といます」 オ「大樹のお兄さんは大樹と旅行を楽しんでいます」 カ「大樹はニューヨークのホテルの部屋から自由の女神像が見えます」

• 全 訳 •

大樹は私の同級生です。彼は夏休みでアメリカ合衆国に滞在しているところです。彼はお兄さんと旅行を楽しんでいます。

手紙で大樹は，「ぼくは今ニューヨークにいます。ニューヨークは本当にわくわくする都市です。ホテルの部屋から自由の女神像が見えます」と言っています。

3-5 親友の博 P.38・39

STEP1-3 の解説

1 **picture**：「写真」か「絵」かは文脈で判断する。

2 **often**：文中で使うときは，一般動詞の前，be 動詞のあとに置く。

4 **about**：「〜について」の意味だが，数字の前に使われると「約，だいたい」の意味になり，品詞は副詞になる。

6 **life**：「命」の意味でも使われることが多い。

7 **leave**：leave *A* (for *B*) で「(*B* に向けて) *A* を出発する，去る」の意味になる。

11 **e-mail**：email，E-mail ともつづる。

12 **reach**：reach だけで「〜に着く」の意味があるので，to などの前置詞は不要。問題文の(2)-(c)にある get to 〜(〜に着く)と同じ意味を表す。どちらも重要な表現なので覚えておこう。

13 **next month**：next は「次の」の意味。next week で「来週」，next year で「来年」の意味。

14 **close**：[klóuz]と発音すると「閉まる，閉める」の意味の動詞で，まったく別の語になる。

• その他 •

● **by bus**：交通手段を表すとき，by のあとにくる乗り物には a[an] も the もつけない。

● **Hiroshi is coming to ...**：現在進行形は，今現在進行中の動作を表すほかに，近い未来の予定を表すこともできる。特に会話文でよく使う。

P.39の解答

答 (1) (a) 自分たちの学校生活について。
(b) 来月(に会える)。
(2) (a) He works in Aomori.
(b) He goes to school by bus.
(c) He gets to school at 8:20[eight twenty].

考え方 (1) (a) school life で「学校生活」の意味。
(b) 最後の then(そのとき)は next month を指す。
(2) (a) 英文2〜3行目に注目する。
(b) 英文6行目に注目する。
(c) 英文6〜7行目に注目する。

• 全 訳 •

これは私の親友の博(ひろし)の写真です。彼は今東京に住んでいません。彼は青森に住んでいます。彼のお父さんがそこで働いているのです。

私たちはよく私たちの学校生活について電子メールをお互いに送り合っています。―― 博は8時に家を出ます。彼はバスで学校へ行きます。8時20分に学校に着きます。

博は来月東京にやって来ます。そしたらそのときに私は彼に会うことができます。

3 まとめのテスト P.40・41

1 答 (1) 休暇，休み (2) 楽しむ
(3) 旅行 (4) 話す，しゃべる
(5) 部屋 (6) おじ (7) 同じ
(8) ラケット (9) today
(10) understand (11) hard
(12) school (13) picture (14) summer
(15) letter (16) friend

2 答 (1) our (2) first (3) me
(4) are (5) children

考え方 (1) 主格と所有格。➡ 20
(3) 主格と目的格。➡ 20
(4) 適切な be 動詞。➡ 16
(5) 不規則な複数形。➡ 15

3 答 (1) He can write English well.
(2) She is writing a letter now.

考え方 (1) can のある文。➡ 31
(2) 現在進行形の文。now は is のあとや文頭でもよいが文末に置くのがふつう。➡ 28

4 答 (1) あなたは何をしているのですか〔していますか / しているところですか〕。
(2) writing (3) large
(4) in Chicago (5) (a) Yes, it is.
(b) He runs a meat shop.

考え方 (1) What で始まる現在進行形の疑問文。➡ 30
(2) 最後の e を取って ing。➡ 28
(3) 「大きい」の意味の語。
(4) 英文4行目以下に注目する。

(5) (a) 「シカゴはトムのふるさとの近くにありますか」。英文5～6行目に注目。

(b) 「トムのおじさんはシカゴで何をしていますか」。最後の2行に注目する。

• 全 訳 •

遼：やあ，トム。何をしているの？

トム：おじさんに手紙を書いているんだ。

遼：どこに住んでいるの？

トム：シカゴだよ。

遼：シカゴはきみのふるさとの近くかい？

トム：そう。とても大きな都市だよ。

そこにはたくさんの工場があるんだ。

遼：おじさんは工場で働いているの？

トム：いや，そうじゃないんだ。おじさんは肉屋さんを経営しているんだ。

セクション 4 学校で

4-1 好きな学科 P.42・43

STEP1-3 の解説

1 **like**：ふつう進行形にしては使えない。

5 **Tuesday**：曜日名は本文 64 ～ 65 ページで整理しておこう。

6 **class**：「クラス」の意味のほかに，「授業」の意味でも使う。複数形は classes。

8 **How many ～?**：人や物について数をたずねるのに使う。many は「たくさんの」の意味。

9 **favorite**：形容詞としての用法のほかに，「大好きなもの」の意味で名詞で使うこともある。

13 **difficult**：反意語は easy(簡単な)。

15 **well**：副詞の well(上手に)と混同しないように。

• その他 •

● **on Tuesday**：「火曜日に」の意味で，on は「に」にあたる語。曜日の前には on を使う。

P.43の解答

答 (1) 数学はどうですか。 (2) difficult

(3) (a) Yes, I do.

(b) No, it is not[it isn't / it's not].

(c) We[I] have six (classes today).

考え方 (1) すでに話題になっているものについて，意見や感想を求める言い方になる。

(2) 大樹の Math is very difficult. の文をもとに考える。

(3) (a) 英文1～2行目から考える。

(b) 英文3～4行目から考える。

(c) 最後の3行から考える。

• 全 訳 •

遼：英語は好きですか，大樹。

大樹：はい。英語は私が大好きな学科です。

遼：数学はどうですか。

大樹：ああ，数学は好きではありません。数学はとても難しいです。

遼：そうですか。数学は私にはやさしいです。

さて，今日は火曜日です。今日は授業が5時間でしたっけ，それとも6時間でしたっけ？

大樹：6時間です。火曜日には6時間授業があります。

4-2 学校のようす P.44・45

STEP1-3 の解説

1 **stand**：「(人が)立つ」の意味でも使う。

2 **on**：一般に「～の上に」の日本語をあてるが，接触状態にあるときに使う。接触状態であれば上でなくても，たとえば「かべに」(on the wall)，「天井に」(on the ceiling)のようなときにも使うことができる。

4 **long**：「長く」の意味の副詞にも使う。

5 **building**：日本語の「ビル(ディング)」だけでなく，ふつうの家屋など建造物一般を指す。

9 **every month**：month は年月日の「月」の意味。

10 **history**：教科の「歴史」の意味でも使う。

13 **swimming pool**：pool はもともと「水たまり」の意味。

14 **gymnasium**：短くして gym [dʒím] と言うことも多い。

15 **be proud of ～**：proud は「誇りをもった」の意味。

• その他 •

● **but**：「しかし，でも」の意味で，前とは逆の内容の文を続けるときに使う。

● **other**：「ほかの」の意味。

● **thing**：「事，物」の意味でよく使う。

● **a week**：「1週間に(つき)」の意味。week は「週」。

P.45の解答

答 (1) 私たちはこの図書室をとても誇りに思っています。

(2) many (3) ウ，エ，カ

考え方 (1) be proud of ～で「～を誇りに思

う，～を自慢する」の意味。

(2) 「たくさんの」は1語で many。

(3) ア「ふもと」ではなく「上」。イ「歴史は古いが，建物は新しい」とある。ウ We have ... a swimming pool とある。エ The library で始まる文と，それに続く文をまとめたもの。オ・カ「週に2冊借りる」とある。

• 全訳 •

私たちの学校は丘の上にあります。それは長い歴史がありますが，学校の建物〔校舎〕は新しいです。

図書室やプール，体育館などがあります。

図書室には10万冊以上の本があります。私たちはこの図書室をとても誇りに思っています。私はたいてい1週間に2冊本を借ります。私は毎月たくさんの本を読みます。

4-3 クラブ活動 P.46・47

STEP1-3 の解説

3 **like**：「～のような」の意味で前置詞。「～が好きである」の like とは発音などは同じだが，その使い方はまったく異なるので注意。

4 **like ～ very much**：very much が like を修飾している。この like は「好きである」の動詞。

5 **tall**：反意語の「背が低い」は short になる。

6 **hard**：本文中の hard は形容詞だが，この語には形容詞，副詞でいろいろな意味がある。

7 **play**：「(スポーツを) する」のほかに，「(楽器を)弾く」の意味でもよく使われる。

8 **any**：疑問文では「何か」，否定文では「何も，ひとつも，ひとりも」の意味を表す。

10 **belong to ～**：belong は[bilɔ́ːŋ]の発音。この語は belong to ～で「～に属している，～のものである」の意味を表すときにだけ使われると言ってよい。

12 **practice**：動詞にも名詞にも使われる。

15 **not very ～**：たとえば, I'm very tall. なら「私はとても背が高い」の意味だが，I'm not very tall. は「私はあまり背が高くない」の意味であり，「私はとても背が高くない」ではない。

P.47の解答

答 (1) 私はスポーツが大好き〔とても好き〕です。
(2) ウ　(3) 私は(テニスが)あまりうまくありません
(4) (a) バスケットボール部(に入っている)。
(b) テニス。

考え方 (1) 好きなものが like のあとに続く。

(2) 「厳しい，きつい」の意味の形容詞。

(3) I'm not a very good tennis player. ということ。

(4) (a) I belong to the basketball club とある。

(b) I play tennis とある。

• 全訳 •

遼：私たちの学校には，野球部やサッカー部，バレーボール部のようなたくさんのスポーツ部があります。きみはスポーツが好きですか，浩二。

浩二：はい。私はスポーツが大好きです。私はとても背が高いので，バスケットボール部に属しています。

遼：毎日練習するのですか。

浩二：はい。練習はとても厳しいです。遼，きみは何かスポーツをしますか。

遼：はい。テニスをしますが，あまりうまくありません。

4-4 私たちのＡＬＴ P.48・49

STEP1-3 の解説

1 **language**：やや長い単語だが正確なつづりで覚えておこう。アクセントに注意する。

3 **teach**：主語が3人称・単数のときは teaches。

4 **once**：「2回」は twice [twáis]，「3回」は three times という。

5 **week**：同じ発音でつづりの異なる語に weak というのがあるが，こちらは形容詞で「弱い」。

8 **Japanese**：「日本語」の意味のほかに，形容詞で「日本の，日本人の，日本語の」の意味もある。また，名詞で「日本人」の意味にもなる。

11 **us**：we (私たちは) － our (私たちの) － us (私たちを)とまとめて覚えておこう。

12 **Mr.**：Mr. は未婚・既婚に関係なく男性に使う敬称。Miss は未婚の女性に使い，Mrs. は既婚の女性に使う。Ms. は未婚・既婚に関係なく女性に使うことができる。なお，Mr.,Mrs.,Ms. は Mr, Mrs, Ms のように(.)を打たないで使うこともある。

13 **come from ～**：be from ～と同じ意味。

14 **in class**：「授業中」の意味では，class に a も

theもつけないのがふつう。

• その他 •

● **sometimes**：「ときどき」の意味。always（いつも），usually（たいてい）も覚えておこう。

● **can't**：cannot[can not]の短縮形。このあとには主語に関係なく動詞の原形が続く。

● **help**：「手助けする，助ける」の意味か「手伝う」の意味かは，文脈などによる。

P.49の解答

答 (1) him

(2) 彼は日本語を上手に話せますが，授業中は日本語を使いません。

(3) (a) He comes from America.

(b) Yes, he does. (He likes him[Mr. Brown] very much.)

(c) （ときどき）遼たちがブラウン先生が言っていることが理解できないとき。

考え方 (1) 主格がheで，所有格がhis。目的格はhimになる。

(2) 前半はcanの肯定文で，後半は主語が3人称・単数の一般動詞の否定文。

(3) (a) 英文2行目に注目。

(b) 英文4行目に注目。

(c) 最後の文のand then（そんなとき）とはどんなときかはその直前にある。

• 全 訳 •

ブラウン先生は私たちのALTです。彼はアメリカの出身です。

彼は1週間に1回英語を教えています。彼の授業はとてもおもしろいので，私たちは彼が大好きです。

彼は上手に日本語を話せますが，授業中は日本語を使いません。私たちはときどき彼が理解できなくなります。そんなときは，私たちの英語の先生の田中先生が私たちを助けてくれます。

④-5 授業のようす P.50・51

STEP1-3 の解説

1 **study**：3人称・単数形はstudiesになる。

2 **open**：「開いている」という意味の形容詞としても使われる。

3 **listen to ～**：前置詞のtoに注意する。

4 **stand up**：反対の意味を表すのがsit downで「すわる」の意味。

10 **page**：「50ページ」は，page 50で，50 pageとはならないことにも注意する。

11 **CD**：compact disc（コンパクトディスク）を短くしたもの。

12 **first**：本文では副詞で「（まず）最初に」の意味。形容詞では「最初の」の意味になる。

14 **repeat after ～**：repeatは「くり返す」の意味の動詞。afterは「～のあとに」の意味の前置詞。

15 **this time**：「次回は」はnext timeという。

• その他 •

● **Can you ～, please?**：canの疑問文Can you ～?は「～することができますか」という意味のほかに，「～してくれますか，～してくれませんか」という依頼を表す言い方としても使う。

P.51の解答

答 (1) ❶ 教科書の30ページを開きなさい。

❹ 同じ個所を読んでくれませんか。

❺ みなさん，今度は私のあとについて（くり返して）言いなさい。

(2) Let's listen to the CD first.

(3) Don't stand up, Ryo.

考え方 (1) ❶ toの代わりにatも使われる。

❹ 形はcanの疑問文だが，pleaseがあるので，実質的には命令文に近いものと言うことができる。

❺ Everyoneは呼びかけの言葉になる。

(2) Let'sのあとに動詞の原形を続ける。

(3) Don'tのあとに動詞の原形を続ける。

• 全 訳 •

田中先生：今日は5課を勉強します。教科書の30ページを開きなさい。まず，CDを聞きなさい。

……

田中先生：遼，立ってください。同じところを読んでくれませんか。

遼：はい，田中先生。

……

田中先生：よくできました！ みなさん，今度は私のあとについて言いなさい。

④ まとめのテスト P.52・53

1 答 (1) おもしろい (2) 話す

(3) 使う (4) 野球 (5) 練習（する）

(6) 建物 (7) 歴史 (8) 学科，教科

(9) library (10) long (11) tall

(12) week　(13) Japanese　(14) open

(15) study　(16) hill

2答 (1) my　(2) us　(3) teacher

(4) difficult　(5) third

考え方 (4) 反対の意味の形容詞。hard も可。

3答 (1) Where are they playing baseball?

(2) Don't listen to this CD.

考え方 (1) Where で始まる現在進行形の疑問文。➡ 27・30

(2) 否定の命令文。➡ 22

4答 (1) What　(2) ❷ to　❸ about

(3) あなたは毎日何時間英語を勉強しますか。

(4) (a) インターネット

(b) (たいていは毎日) 1 時間

(5) ウ

考え方 (1)「あなたはここで何をしているのですか」という What で始まる現在進行形の疑問文。➡ 30

(2) ❷ listen to ～で「～を聞く」の意味。❸ talk about ～で「～について話す」の意味。

(3) How many hours で「何時間」の意味。➡ 15

(4) (a) 英文 2 ～ 3 行目に注目。

(b) 英文 8 行目に注目。

(5) 直前の Yes! に注目。is にあとに interesting が省かれていると考える。

• 全 訳 •

田中先生：ここで何をしているのですか。

遼：インターネットで英語のニュースを聞いています。今日は，ワールドカップについて話しています。でも，ほんの少ししか理解できません。

田中先生：あなたは毎日何時間英語を勉強するのですか。

遼：たいてい 1 時間です。

田中先生：いいですね。英語はそんなにおもしろいですか。

遼：はい！　本当におもしろいです。

セクション 5 海外旅行

5-1 アメリカ合衆国 P.54・55

STEP1-3 の解説

❶ **country**：複数形は countries になる。

❷ **Japanese**：名詞としては「日本語，日本人」の意味があり，形容詞としては「日本の，日本語の，日本人の」の意味がある。

❸ **people**：形は単数形でも複数扱いする。したがって，主語に使うときの be 動詞は are。

❹ **visit**：「訪問」の意味の名詞としても使う。

❽ **U.S.A.**：USA と (.) なしで表すこともある。ふつう the をつけて使う。「アメリカ合衆国」の正式な名称である (the) United States of America を略語で表したもの。the United States と言ったりすることもある。

⓬ **be popular among ～**：among は「～の間で」の意味の前置詞。

⓮ **a large number of ～**：number は「数」の意味。a small number of ～で「少数の～」の意味になる。

• その他 •

● **large** [lάːrdʒ]（2 行目）：「大きな」の意味で，big とほぼ同じ意味を表す。

● **Washington, D.C.**：「ワシントン」。アメリカ合衆国の首都。ワシントン州と区別するために D.C. をつける。D.C. は District of Columbia のことで，米国連邦政府の直轄地。Columbia はアメリカ大陸発見者とされていたコロンブスにちなむ。

● **New York**：「ニューヨーク(市)」。ニューヨーク州と区別するために New York City とすることもあるが，単に New York と言った場合は「ニューヨーク市」を指すことが多い。

● **Los Angeles**：「ロサンゼルス」。米国カリフォルニア州南西部にある米国第 2 の都市。Angeles のつづりに注意。Angels ではない。

● **Hawaii**：つづりに注意。最後の i は 2 つ。

● **some**：「いくつかの(ある)～」の意味を表す。

P.55の解答

答 (1) たくさんの日本人が毎年この国を訪れます。

(2) ❷は「日本(人)の」の意味で，❸は「日本語」の意味。

(3) (a) It is[It's] Washington, D.C. [Washington, D.C. is.]

(b) Yes, we[I] can.

(c) It has fifty[50] (states).

考え方 (1) every year は「毎年」の意味。

(3) (a) 質問の文にも注意しておこう。日本語で「どこですか」とあっても，疑問詞にはWhereではなくWhatを使う。3行目に注目する。

(b) 最後の3行に注目する。

(c) 2行目にFifty states make up this country. という文があり，これをhaveを使って言いかえたものと考える。

• 全 訳 •

アメリカ合衆国はとても大きな国です。50の州がこの国を作りあげています。アメリカ合衆国の首都はワシントンD.C.です。

多くの日本人が毎年この国を訪れています。ニューヨーク，ロサンゼルス，サンフランシスコ，ハワイは日本人に人気があります。

ハワイにはとても多くの日本からの観光客がいます。いくつかの場所では日本語を使うことができます。

5-2 イギリス P.56・57

STEP1-3 の解説

1 **Excuse me.**：知らない人に話しかけたり，何かをたずねたりするときに言う言葉。excuseは[ikskjúːz]の発音で，「許す」という意味の動詞。

3 **get on (～)**：バスや電車，飛行機などに「乗る」場合に使う。自家用車やタクシーにはget in[into] ～を使う。

5 **get off (～)**：やはりバスや電車，飛行機などから「降りる」場合に使う。自家用車やタクシーにはget out of ～を使う。

8 **about**：数字の前につくと副詞で「約～，だいたい～」の意味。

9 **walk**：本文では名詞として使われている。

11 **get to ～**：「～に着く」の意味で1語で表すとreach。なお，「そこに着く」はget thereでtoは必要ない。これはthereが副詞であるため。

12 **stop**：バスの「停留所」のほかに，電車などの「停車場」の意味にも使う。

14 **I see.**：「わかりました」のほかに，「なるほど」という日本語をあてることもある。

• その他 •

● 道を教えるときなどは，ふつうpleaseを使わないことに注意しておこう。

● **Englishman**：「イギリス人，英国人」の意味。女性はEnglishwomanという。

● **How can I ～?**：howは方法や手段をたずねるのに使い「どのようにして」の意味を表す。「どのようにしたら～することができますか」が直訳。

● **the British Museum**：Britishは「英国の」の意味で，政治的・行政的な意味に用いられる。

● **near**：「～の近くに」の意味を表す前置詞。

● **it takes ...**：このtakeは「(時間が)かかる」の意。

● **twenty minutes' walk**：minutesのような複数形の所有格を作るときは，最後のsのあとにアポストロフィ(')を打つだけでよい。

P.57の解答

答 (1) ❶ **どうしたら大英博物館に着くことができますか〔→大英博物館へはどうやって行くのでしょうか〕。**

❷ **ハイドパークは大英博物館の近くですか。**

(2) Ⓐ 赤(い)　Ⓑ 4つ目　Ⓒ 20

考え方 (1) ❶ howは方法・手段をたずねる疑問詞。get to ～で「～に着く」の意味。

❷ Hyde Parkが主語の疑問文。

(2) Ⓐ・Ⓑ Well, get on that red bus, and get off at the fourth stop. とある。

Ⓒ it takes about twenty minutes' walkとある。

• 全 訳 •

日本人：失礼ですが…。

英国人：はい？

日本人：大英博物館へはどうやって行くのでしょうか。

英国人：ええとですね，あの赤いバスに乗って，4つ目の停留所で降りてください。簡単に見つかりますよ。

日本人：ありがとうございます。ハイドパークは大英博物館の近くですか。

英国人：ええと，そんなに遠くはありませんが，歩いたら20分くらいかかりますよ。

日本人：わかりました。あらためてありがとうございます。

5-3 カナダ P.58・59

STEP1-3 の解説

1 **village**：100パーセント日本語と重なるわけではないが，一般的に「村」はvillage，「町」は

town,「市」は city と覚えておこう。

③ **look at 〜**：「〜を見る」の意味。look はいろいろな前置詞と結びついて熟語を作る。よく使われるものに look for 〜(〜を探す)がある。

④ **right**：ここでは「右」の意味の名詞だが,「右の」の意味の形容詞としても使われる。この反意語は left (左[の]) になる。また, right には形容詞で「正しい」の意味もあるが, この語の反意語は wrong(まちがった)になる。

⑥ **official**：official language で「公用語」の意味。

⑧ **flag**：national flag で「国旗」の意味。

⑨ **leaf**：複数形は leaves という特別な形になる。このような変化をするものには, knife(ナイフ)－knives, wife(妻)－wives などがある。

⑩〜⑫ **Pacific / ocean / Atlantic**：the Pacific[Atlantic] Ocean で「太平洋〔大西洋〕」の意味を表すが, the Pacific[Atlantic] だけでこの意味を表すこともある。

• その他 •

● **come from 〜**：出身地を表すほかに,「〜に由来する, 〜から来ている」の意味も表す。

● **in an old native language**：「〜語で, 〜の言葉で」というときの「で」にあたる前置詞は in。

● **Ottawa** [ɑ́təwə]：「オタワ」。つづりに注意。

● **Toronto** [tərɑ́ntou]：「トロント」。カナダ南東部, オンタリオ湖岸の都市。

● **Vancouver** [vænkúːvər]：「バンクーバー」。カナダ西部ブリティッシュコロンビア州の港市。

● **symbol** [símbəl]：「シンボル, 象徴」の意味。

P.59の解答

答 (a) It means “village.”

(b) English and French are[They are English and French].

(c) It is[It's] Ottawa[Ottawa is].

(d) カエデの葉。　(e) 太平洋と大西洋。

考え方 (a) 「昔の先住民の言葉で『kanata』はどんな意味を表しますか」－「『村』という意味を表します」

(b) 「カナダの公用語は何ですか」－「英語とフランス語です」 順序は逆でもよい。

(c) 「カナダの首都はどこですか」－「オタワです」

• 全訳 •

カナダという名前は kanata に由来します。この語は昔の先住民の言葉で「村」を意味します。

カナダの人々は公用語として英語とフランス語を話します。カナダの首都はオタワで, トロントやバンクーバーではありません。

右にある旗を見てください。カナダの国旗です。カエデの葉はカナダの象徴です。両端の赤い帯は太平洋と大西洋を表しています。

⑤-4 オーストラリア　P.60・61

STEP1-3 の解説

⑥ **desert**：アクセントの位置に注意する。desért と発音すると,「見捨てる」の意味の動詞。

⑦ **eastern**：east(東)の形容詞形。

⑨ **southern**：south (南) の形容詞形。south の発音は[sáuθ]であるが, southern は[sʌ́ðərn]。

⑪ **Christmas**：つづりに注意。t を抜かさないように。「キリスト＋ミサ」が語源。なお,「クリスマス」を Xmas と表記するのは英語では正しいが, X'mas とするのは誤り。

⑬ **kangaroo**：アクセントに注意する。

• その他 •

● **much of the country**：much は代名詞として用いられて「多く」の意味。

● **those of Japan**：those は the seasons を指している。一般に前に出てきた名詞をくり返す代わりに that を使うのだが, この文のように複数形を受けるときは those にする。

● **these**：「これらは」という主語としての用法のほかに, 名詞の前で「これらの」の意味にもなる。

P.61の解答

答 (1) 日本ではクリスマスは寒い時期なのに, オーストラリアでは夏の暑いときにあるから。

(2) (a) No, it is not[it isn't / it's not]. (It's a (very) large country.)

(b) They live on the eastern coast.

(c) 砂漠になっている。

(d) オーストラリアが南半球にあるから。

考え方 (2) (a) 1〜2行目に注目。

(b) 3行目に注目。

(c) 2行目に Much of the country is desert とある。

(d) 4行目が理由を表している。

• 全 訳 •

オーストラリアは小さい大陸ですが，とても大きな国です。国の多くは砂漠で，多くの人々は東海岸に住んでいます。

オーストラリアは南半球にあるので，季節が日本とは反対になります，だから，夏に暑いクリスマスを楽しむことができます。

この国では，カンガルーやコアラのような動物を見ることができます。これらの動物は他の国ではめずらしいものです。

5-5 ニュージーランド P.62・63

STEP1-3 の解説

4 **island**：つづり，発音，アクセントすべてに注意。i にアクセントがあり，-s- は発音しない。

7 **one of ～**：～には複数を表す語句がくる。

8 **wing**：「翼」の意味で，鳥にも飛行機にも使う。

11 **cattle**：「家畜」の意味にも用いるが，ふつうは「牛」のことを指す。

12 **Why don't you ～?**：「あなたはなぜ～しないのですか」という意味にもなるが，ふつうは勧誘や提案を表して「～しませんか，～してはどうですか」の意味になる。これがもっとくだけた言い方になると，Why not ～? となる。

13 **in the near future**：future は「未来」の意味。in the future で「将来(は)」の意味。これに near (近い) をつけたものになる。

• その他 •

● **Few dangerous animals ...**：名詞に few をつけると「ほとんど～ない」という意味になる。

● **sheep**：複数形も同じ形の sheep。このような単数・複数が同じ形のものは fish (魚) など。

● **meet** [míːt]：「会う」の意味。

P.63の解答

答 (1) ❶ some strange birds
❸ sheep and cattle
(2) 危険な動物がニュージーランドにはほとんどいないから。 (3) イ，ウ

考え方 (1) ❶「いくつかの奇妙な鳥の1つ」。
❸「ヒツジや牛に会う」。
(2) 直後の Few dangerous ... が理由を表している文になる。
(3) ア 南太平洋にある。
イ ... two large islands — the North Island and the South Island とある。
ウ This bird has no wings and cannot fly. とある。
エ New Zealand is also a country of sheep and cattle. とあるので，「見かけることはまずない」というのはおかしい。

• 全 訳 •

ニュージーランドは南太平洋にある国です。北島と南島の大きな2つの島から成っています。

そこではいくつかのめずらしい鳥を見ることができます。その1つがキーウィです。この鳥は翼がなく飛ぶことができません。それでも，キーウィは安全に生きていくことができます。ニュージーランドには危険な動物がほとんどすんでいないからです。

ニュージーランドはまたヒツジと牛の国でもあります。近い将来この国を訪れて，ヒツジや牛たちと会ってみてはどうですか。

5 まとめのテスト P.66・67

1 答 (1) 奇妙な，変な (2) クリスマス
(3) 言語，言葉 (4) 海，海洋
(5) 再び，もう一度
(6) 人気のある，評判の (7) 見つける
(8) 翼 (9) bird (10) animal
(11) park (12) country (13) visit
(14) fly (15) hot (16) right

2 答 (1) leaves (2) off (3) season
(4) east (5) sheep

考え方 (1) leaf の複数形は leaves。
(2) 反対の意味を表す語句。get on (～に乗る) ⇔ get off (～から降りる)。
(5) 単数形と複数形。bus (バス) の複数形は buses になる。sheep (ヒツジ) の複数形は同じ形の sheep でよい。

3 答 (1) This book is very popular among Japanese people.
(2) Can you find the book easily?

考え方 (1) be popular among ～で「～に人気がある」。
(2) can の疑問文になる。Can you easily find the book? でもよい。➲ 32

4 答 (1) at

(2) 富士山は何メートルの高さがありますか〔富士山の高さはどれくらいですか〕。

(3) time

(4) (a) (3,776 メートルで) 日本で最も高い山。

(b) 正午〔お昼の 12 時〕の少し前。

(c) (駅の近くで)昼食をとる。

考え方 (1) look at ～で「～を見る」の意味。

(2) How high は物の高さをたずねるのに使う。身長には How tall を使うので注意。

(3) 次の文でホワイト氏が時間を答えているので「何時」の意味にする。➡ 23

(4) (a) 英文 4 ～ 5 行目に注目。

(b) 英文 7 行目に注目。

(c) 英文 7 ～ 9 行目に注目。

• 全 訳 •

トム：あの山を見て。とってもきれいだね。

ホワイト氏：そうだね。あれは富士山だよ。

トム：その〔富士山の〕高さはどれくらいなの？

ホワイト氏：3,776 メートルで，日本で最も高い山だよ。

ホワイト夫人：京都へは何時に着くの？

ホワイト氏：正午少し前だから，まず駅の近くで昼食を食べよう。

ホワイト夫人：わかったわ。

セクション 6 買い物に出かけよう

6-1 スーパーマーケットで P.68・69

STEP1-3 の解説

1 **this evening**：「今晩，今夜」は this evening か tonight。this night とは言わない。

9 **birthday**：birth(誕生)と day(日)を合わせてできた語。

10 **some of ～**：この some は代名詞。

11 **come over to ～**：come to ～よりも「(わざわざ)やって来る」という感じが出る言い方。

13 **over there**：こちら側から見て「向こうに」の意味で使う。あちら側からみて「こちらに」というときは over here という。

14 **delicious**：アクセントの位置に注意。

15 **banana**：この語のアクセントにも注意する。

• その他 •

● **Sounds good.**：「いいですね」などの意味で，相手が言ったことに同意を表す表現。

● **salesclerk** [séilzklə̀ːrk]：「店員」の意味。clerk だけでこの意味を表すこともある。

P.69 の解答

答 (1) 彼の友だちの何人かが今晩私たちの家にやって来ます。 (2) buy (3) イ

(4) (a) It's[It is / Today is] Tom's birthday.

(b) Yes, she does.

考え方 (1) この文の some は「何人かの」の意味。物についても使うことができる。なお，この文の現在進行形は近い未来の予定を表している。

(3) 「～もまた」は too。

(4) (a) 最初の英文に注目する。

(b) 最終行の Yes に注目する。

• 全 訳 •

ホワイト夫人：今日はトムの誕生日です。彼の友だちの何人かが今晩私たちの家にやって来ます。ジェーン，何かおいしいものを買いましょう。

ジェーン：楽しそう。私，チキンがほしいわ。

ホワイト夫人：わかった。すみませんが，どこでチキンと…くだものを買えますか。

店員：すぐそこです。

ホワイト夫人：ありがとう。トムはリンゴが好きなの。ジェーン，あなたはリンゴが好き？

ジェーン：うん。バナナも好きよ。

6-2 デパートで P.70・71

STEP1-3 の解説

2 **wear**：「着ている，身につけている」の意味の動詞で使うことも多い。

3 **take**：この語も幅広くいろいろな意味で使われるので，辞書で整理しておこう。

4 **plan**：動詞として「計画する」の意味で使われることも多い。

5 **after**：反対の意味を表すのが before。

6 **clothes**：「衣服，衣類」を表す最も一般的な語。

7 **myself**：for myself で「私自身のための」→「自分用の」ということ。

8 **Mrs.**：結婚している女性に使う敬称。最近は既婚・未婚に関係なく Ms. をよく使う。

9 **floor**：「ゆか」の意味でも使うことが多い。

⑩ **Why not?**：相手の提案などに対して，喜んで賛成する場合に用いる。「もちろん(いいですよ)，喜んで(そうします)」という日本語にあたる。

⑪ **elevator**：アクセントの位置に注意。

⑫ **bargain**：bargain counter で「特売品の売り台」のことを指す。

• その他 •

● **T-shirt** [tíːʃəːrt]：「Tシャツ」の意味。

● **children**：child(子ども)の複数形。

● **sale** [séil]：日本語でも使う「バーゲンセール」の「セール」にあたる語。英語でも bargain sale と言う。

● **I can't, either.**：否定文の内容を受けて「私も〜ない」と言うときには either を使う。

P.71の解答

答 (1) ❶ eighth　❷ second

(2) イ，ウ，オ

考え方 (1) ❶ eightth ではないことに注意。

• 全 訳 •

ホワイト夫人：トムとジェーンにTシャツがほしいの。どこに行ったら見つかるかしら？

佐藤夫人：ほら，8階で子ども服を売ってるわ。エレベーターに乗りましょう。

ホワイト夫人：そうね。このあとのあなたの予定は？

佐藤夫人：地下2階のバーゲン会場へ行ってみるわ。自分の服がほしいの。いっしょにいらっしゃいますか。

ホワイト夫人：もちろんですわ。「バーゲン」とか「セール」という言葉から逃れることはできないわよ。

佐藤夫人：私もそうよ。

6-3 文房具店で　P.72・73

STEP1-3 の解説

① **Sure.**
② **of course**
⑫ **Certainly.**
「もちろんです」といずれも強い肯定を表す。

③ **How much 〜?**：値段をたずねるときに使う。

⑤ **Can I help you?**：Can の代わりに May という語を使うこともある。店員が客に言う決まり文句で「いらっしゃいませ」にあたる。町で何か困っている人に声をかけるときに使うと「何かお役に立てますか」の意味になる。

⑥ **mouse**：ここではパソコンの「マウス」のこと。mouse はもともと「ネズミ」の意味で，「マウス」も形がネズミに似ていることからできた語。なお，mouse の複数形は mice という特別な形。

⑦ **PC**：*p*ersonal *c*omputer のこと。「パソコン，コンピュータ」の意味でよく使われる。

⑧ **mouse pad**：マウスをスムーズに動かすためにマウスの下に敷くもの。

⑨ **Here you are.**：何かを差し出したり，手渡しするときに使う表現。Here it is. とも言う。

⑩ **yen**：もともと日本語からきた語なので，yens のように複数形になることはない。

⑪ **sir**：男性の客に使う。女性に対しては，ma'am [mǽm] を使えばよい。

• その他 •

● **Yes, please.**：申し出などを受諾して「はい，お願いします」というときに使う。

● **Do you have one?**：one は前に出てきた名詞のくり返しを避けるために使われるもので，ここでは a mouse pad を指している。

● **Five thousand five hundred yen**：thousand [θáuzənd] は「1,000」，hundred [hʌ́ndrəd] は「100」の意味。five が前についていても，thousand, hundred に s はつかない。

P.73の解答

答 (1) ❶ さあ，どうぞ(こちらです)。

❷ (それは)全部でいくらですか。

❸ このクレジットカードを使えますか。

(2) (a) (パソコンの)マウスとマウスパッド。

(b) 5,500円。

考え方 (1) ❶ 直接手渡すときに使う表現。
❷ altogether は「全部で，合計で」の意。
❸ 「〜を使うことができますか」ということ。このように許可を求める疑問文に can はよく使われる。

• 全 訳 •

店員：いらっしゃいませ。

ホワイト氏：はい，よろしく。パソコンのマウスはありますか。

店員：はい，もちろん。こちらでございます。

ホワイト氏：ありがとう。マウスパッドもほしいのですが。ありますか。

店員：もちろんございます。さあどうぞ。

ホワイト氏：いいですね！　全部でおいくらですか。

店員：5,500円でございます。

ホワイト氏：このクレジットカードは使えますか。

店員：もちろんお使いになれます。

6-4 薬屋で P.74・75

STEP1-3 の解説

1 **cold**：名詞で「かぜ」の意味。形容詞では「寒い」の意味になる。「かぜをひいている」の意味では，have a cold と，cold に必ず a をつけて使う。

2・3 **nose・run**：My nose is running. で「鼻水が流れている」の意味。run はもともと「走る」の意味だが，水や川が「流れる」の意味でも使う。

6 **What's wrong?**：wrong は「具合が悪い」という意味の形容詞。What's wrong with you? のように with you をつけてもよい。

8 **That's too bad.**：決まり文句。That's の代わりに It's を使うこともある。bad の前の too は形容詞や副詞の前につけて「あまりに～，～すぎる」の意味を表すもの。

10 **medicine**：日本語では「薬をのむ」というが，英語では drink medicine とは言わないで，take medicine と言う。ただし，薬が液体のときは drink も使う。

14 **headache**：head（頭）＋ache（痛み）からできた語。ほかに，tooth（歯）＋ ache → toothache（歯痛），stomach（胃）＋ ache → stomachache（胃痛，腹痛）などがある。

15 **pill**：薬でも特に丸い形をしたものをいう。

・その他・

● **also**：also だけだと「～もまた」の意味だが，and also の形で「さらに，その上」などの意味。

● **each**：単数形の名詞の前について「各～，それぞれの～」の意味を表す。

P.75の解答

答 (1) それはいけませんね〔お気の毒に〕。

(2) (a) かぜをひいています。

(b) のどがひりひりして，鼻水も流れています。

(c) （はい。）軽い頭痛がします。

(d) （この）薬を食事のあとに１錠ずつのむように言われています。

考え方 (1) bad はもともと「悪い」の意味だが，この言い方では「気の毒である」の意味。

・全訳・

薬屋：どうしたの，トム。

トム：かぜをひいちゃったの。のどがひりひりして，鼻水も流れてるの。

薬屋：それはいけないね。頭は痛いの？

トム：うん。ちょっと頭痛がする。

薬屋：それじゃ，この薬をのみなさい。それぞれの食事のあとに１錠ずつのむんだよ。

トム：わかりました。どうもありがとうございます。

6-5 DVDショップで P.76・77

STEP1-3 の解説

1 **space**：「空間」の意味で使われることも多い。

2 **be interested in ～**：「～に興味をもっている，～に関心がある」という日本語をあてることもある。

3 **great**：「偉大な」の意味で使われることも多い。

4 **already**：アクセントの位置に注意。

7 **wait**：「待つ」の意味だが，「～を待つ」は wait for ～という。

8 **until**：「～まで（ずっと）」という継続の意味を表す。till という形で使われることもある。

9 **then**：本文では「そのとき」という名詞としての用法。「そのときに」という副詞で使われることも多い。

10 **DVD**：*d*igital *v*ersatile［*v*ideo］*d*isc の略。versatile は「多目的の」の意味。

11 **How about ～?**：How の代わりに What を使うこともある。

13 **disc**：disk とつづることもある。

・その他・

● **Hubble Space Telescope**：「ハッブル宇宙望遠鏡」。1990年4月24日にスペースシャトルで打ち上げられた。ハッブルは天文学者の名前。

● **... don't you have ～?**：do you have ～? が「～を持っていますか」とたずねるのに対し，don' t you have ～? は「～を持っていないのですか」とたずねる言い方になる。

● **it's arriving next week**：この現在進行形は近い未来の予定を表している。

P.77の解答

答 (1) ア (2) interesting

(3) (a) ハッブル宇宙望遠鏡からの美しい映像がた

くさん入っている。

(b) 来週まで(ハッブル映像の)ブルーレイ版を待つ(ことにした)。

考え方 (1) spaceには「場所,空間」の意味もある。
(2) interestedはふつう人が主語になる。

•全訳•

トム:宇宙に関するDVDはありますか。ぼくは宇宙にとても興味があるんです。

店員:これはいかがですか。このDVDにはハッブル宇宙望遠鏡からの美しい映像がたくさん入っていますよ。

トム:すごいな! これがほしいけど…ブルーレイのはないのですか。

店員:ええと,ブルーレイ版はすでに発売されていますが,来週入荷の予定です。それまでお待ちいただけますか。

トム:もちろん待ちます。

6 まとめのテスト P.78・79

1 答 (1) くだもの (2) 誕生日
(3) リンゴ (4) 食べ物 (5) 衣類
(6) 食事 (7) 薬 (8) もちろん
(9) wait (10) cold (11) plan
(12) nose (13) card (14) after
(15) until[till] (16) want

2 答 (1) buy[get] (2) right
(3) children (4) fifth (5) Mr.

考え方 (1) 反対の意味を表す動詞。
(2) 同じ発音の語。
(3) 単数形と複数形。
(4) 基数と序数。
(5) (既婚の)女性にはMrs.をつけて,男性にはMr.をつける。

3 答 (1) I have a bad headache.
(2) Some of the students can speak French.

考え方 (1) badはもともと「悪い」の意味だが,headacheの前に使うと「ひどい」の意味。
(2) some of ～の～の部分には複数形の名詞がくる。canの使い方にも注意しよう。➲ 31

4 答 (1) これ〔このコンピュータ〕が新しいモデル〔型〕であるかということ。
(2) much
(3) 10万円というのは高すぎる
(4) (a) 動きがとても速くて,記憶容量が多い。
(b) パソコンとタブレットを12万円で。
(c) トムがパソコンを,父親がタブレットを使う。

考え方 (1) 最初の英文の内容に注目する。
(2) 値段をたずねるのはHow much。
(3) 英文5～6行目に注目する。
(4) (a) 英文2～3行目に注目する。
(b) 英文9～11行目に注目する。
(c) 最後の2行に注目する。

•全訳•

トム:これは新しいモデルですか。

店員:はい。このパソコンはとてもいいですよ。動きがとても速くて,記憶容量も多いですよ。

トム:おいくらですか。

店員:ちょうど10万円です。

トム:ああ,ぼくには高すぎます。お父さん,どう思う?

父親:その通りだと思うよ。

店員:わかりました。では,パソコンとタブレットの両方で12万円でいかがでしょうか。

父親:それはいいですね。私がタブレットを使って,きみはパソコンを使うんだね。

トム:すばらしいな。ありがとう,お父さん。

セクション 7 手紙やメールを書こう

7-1 トムからの手紙① P.80・81

STEP1-3 の解説

1 **dear**:Dear ～, または My dear ～, の形で,手紙の書き出しの決まり文句。

5 **last**:「この前の」が基本の意味になる。last nightで「昨夜」の意味になるが,eveningはlastを使わずに,yesterday eveningとするのがふつう。

6 **night**:日没から夜明けまでを指す。eveningは日没または1日の仕事の終了時から就寝時までを指す。

7 **talk**:talk about ～で「～について話す」, talk with[to] ～で「～と話す」の意味になる。

8 **hour**:発音に注意。hは発音しないので母音の発音で始まる。したがって,a hourではなく,an hourとなる。なお,weの所有格ourと同じ発音になる。

⑩ **had**：have, has の過去形。過去形は主語が3人称・単数でも同じ形になる。

⑪ **have a good time**：ほぼ同じ意味で，good の代わりに nice(すてきな)や wonderful(すばらしい)が使われることもある。

⑫ **write to ～**：a letter がなくても「～に手紙を書く」の意味になる。アメリカ英語では，Please write me soon. で「すぐに私に手紙を書いてください」とすることもある。

⑭ **want to ～**：「～したい(と思う)」の意味。～の部分には動詞の原形(もとの形)がくる。

⑮ **some day**：「いつか，いつの日か」の意味。someday と1語で使うことも多い。

• その他 •

● **arrive**：「着く，到着する」の意味。「～に到着する」は arrive at[in] ～〔at は比較的せまい場所に，in は比較的広い場所に使う〕になるが，ここでは here が副詞なので，at も in も必要ない。

● **for many hours**：for は時間を表す語句の前に使って「～の間」の意味を表すのにも使う。

● **They all**：「彼ら全員」の意味。all は「全部，全員」の意味だが，ここでは主語の They をさらに具体的に言っている関係になっている。

P.81の解答

答 (1) イ

(2) ❷ ここレーク・フォレストはとても暑いです。

❸ 私たちはとても楽しい時を過ごしました。

(3) (a) 2021年7月31日。

(b) いつか日本に行きたいと思っている。

考え方 (1) Dear Tom, Dear Mr. White のようにして用いる。Dear (Mr.) Tom White のように姓名を両方書くことはふつうしない。

(2) ❷ It は寒暖を表す特別用法のもの。here と in Lake Forest は同じことを言っている〔こういう関係を「同格」という〕。

❸ have a good time の good に very がついた形になっている。

(3) (a) 手紙の日付が8月1日で，「昨日着いた」とあるので，7月31日に着いたことになる。

(b) They all want to go to Japan some day. とある。

• 全訳 •

2021年8月1日

拝啓

私は昨日ここに着きました。とても楽しい空の旅でした。

ここレーク・フォレストはとても暑いです。私の友だちの何人かが昨夜私を訪ねて来ました。私は日本の生活について何時間も話しました。私たちはとても楽しい時を過ごしました。彼らはみんないつか日本に行きたいと思っています。

すぐに手紙を書いてください。

敬具

トム

7-2 遼からの手紙 P.82・83

STEP1-3 の解説

① **last week**：last month(先月)，last year(昨年)もいっしょに覚えておこう。

② **invite**：アクセントの位置に注意。

③ **during**：特定のある一定期間の「～の間に」という意味合いのときに使う。

⑧ **come back**：「～へもどる」は come back to ～とする。「ここへもどる」は come back here。

⑪ **said**：say の発音は[séi]だが，said は[séd]になるので注意。says も[séz]となる。

⑮ **Why don't we ～?**：自分も含めて「(いっしょに)～しませんか」と誘うときに使う表現。

• その他 •

● **early**：速さではなく，時間的に「早く，早めに」というときに使う。

● **this morning**：「今朝」の意味。this afternoon(今日の午後)，this evening(今晩)もいっしょに覚えておこう。

P.83の解答

答 (1) for

(2) ❷ 私は先週北海道のおじを訪ねて，あなたについて話しました。

❸ 今度の冬休みに彼に会いに行きませんか。

(3) (a) 2021年8月9日(の早朝)。

(b) He has a large farm in Hokkaido.

考え方 (1) Thank you for ～. で「～をありがとう」の意味になる。

(2) ❷ visited, talked はそれぞれ visit, talk の過去形になる。

❸ 似た表現の Why don't you ～? は「(あなたが)～しませんか」の意味。go and ～は「行って(それから)～」の意味がもとになるが，「～しに行く」とすると日本語らしくなる。

(3) (a) 手紙の日付と，文中の this morning から判断する。

(b) 英文4行目に my uncle in Hokkaido とあることから判断する。

• 全 訳 •

2021年8月9日

トムへ

お手紙ありがとう。今朝早くにそれを受け取りました。

私は先週北海道のおじのところへ行って，あなたのことを話しました。彼は「彼を私の家に招待しなさい」と言いました。今度の冬休みの間に彼に会いに行きませんか。彼は大きな農場を持っていて，新鮮な牛乳を毎日飲むことができますよ。

トム，きみがいなくてさびしい思いをしています。早く帰ってきて。

遼より

7-3 トムからの手紙② P.84・85

STEP1-3 の解説

1 **August**：テキスト本文の64～65ページで月の名前を確認しておこう。

2 **know**：yes, no の no と同じ発音になる。

5 **snow**：「雪」という名詞以外に，「雪が降る」という動詞で使うこともある。

7 **news**：日本語式に「ニュース」と発音しない。

8 **invitation**：invite(招待する)の名詞形が invitation になる。

11 **What about ～?**：How about ～? と同じ。

12 **grandma**：grandmother(祖母)のくだけた言い方になる。

13 **grandpa**：grandfather(祖父)のくだけた言い方になる。

14 **look forward to ～**：この表現は現在進行形で使われることが多い。to のあとには，名詞や名詞相当語句が続く。～に動詞を続ける場合は～ing 形にして続ける。

15 **See you.**：次に会う日が具体的にわかっているときは，See you then[next week].(じゃあ，そのときまで / じゃあ，来週また)などのように言うこともある。

• その他 •

● **great**：「すばらしい」の意味。

P.85の解答

答 (1) ❶ 私は北海道についてはあまり(多くのことを)知りません。

❷ 私はこのすばらしい場所へ行くことを楽しみに待っています〔楽しみにしています〕。

(2) Do, like

(3) トム〔私〕のおじいさんとおばあさんがいっしょに日本へ行くということ。

(4) Yes, he does.

考え方 (1) ❶ not ～ much で「あまり～ない」の意味になる

❷ look forward to ～ing で「～することを楽しみに待つ」の意味。

(2) 「私はウィンタースポーツが大好きです」→「あなたはどうですか」=「あなたはウィンタースポーツが好きですか」。

(3) 次の My grandma で始まる文の内容を指す。

(4) 英文5～6行目に注目する。

• 全 訳 •

2021年8月15日

遼へ

お手紙と北海道へのご招待ありがとう。

私は北海道についてはあまりよく知りません。このすばらしい土地へ行くことを心から楽しみにしています。そのときは雪は見ることができるのでしょうか。そこではスキーがすべれるのでしょうか。私はウィンタースポーツが大好きなのです。あなたはどうですか。

遼，すばらしいニュースがあります。私のおばあさんとおじいさんが私たちといっしょに日本に行くことになりました！

ではまた。

トムより

7-4 遼からのメール P.86・87

STEP1-3 の解説

1 **yesterday morning**：「昨夜」は last night だが，これ以外は，yesterday morning[afternoon / evening]とするのがふつう。

2 **really**：real(形容詞で「本当の」の意味)に ly をつけて副詞にしたもの。

8 **meet**：一般的に，前に会ったことがある人に「会う」場合には see を使い，最初に「会う」場合は meet を使う。また，meet は「出迎える」の意味ではどちらの場合にも使える。

9 **got**：get の過去形。get はいろいろな意味で使われるが，ここでは receive の意味。

10 **return**：「もどる」という動詞でもよく使われる。

11 **e-mail**：email，E-mail とつづられることもある。「電子メール，E メール」という名詞のほかに，「電子メールを送る」という動詞でもよく使われる。

12 **Many thanks (for ～).**：Thank you (very much) for ～. のくだけた言い方になる。

14 **as soon as possible**：「できるだけ〔なるべく〕早く」の意味だが，電子メールなどでは，大文字にして ASAP で使うこともある。ほかに，BTW(by the way ＝ところで)などがある。

• その他 •

● **hi**：「やあ，こんにちは」の意味で，hello よりもくだけた言い方になる。

● **:-D**：英文中の顔文字は日本で使うものと異なる場合が多い。(^_^) は :-D や :-) に，(;_;) は :'-(などになる。

P.87の解答

答 (1) ❶ **私の家族全員があなたの帰りとおじいさんとおばあさんの初来日を楽しみに待っています。**
❷ **あなた(たち)はいつもどって来る(予定な)のですか。**
(2) (a) **昨日の朝〔午前中〕(に受け取った)。**
(b) **(できるだけ早く)電子メールを送って連絡してほしい。**
(c) **(トムたち一行を)出迎えるつもり。**

考え方 (1) ❶ All my family で「私の家族全員」の意味。本文では are と複数形で受けているが，is で受けることもある。
❷ when は時をたずねる疑問詞。
(2) (a) yesterday morning とある。
(b) Please e-mail me as soon as possible. とある。
(c) I'm meeting you at Haneda. とある。

• 全訳 •

やあ，トム。
お手紙どうもありがとう。昨日の朝受け取りました。
あなたのおじいさんとおばあさんが日本に来るのですね！　本当にすばらしいことです。家族全員があなたの帰りとおじいさん，おばあさんの初来日を楽しみに待っています。
いつもどって来るのですか。できるだけ早く電子メールを送ってください。羽田空港に出迎えに行きます〔で会いましょう〕。
ではさようなら。
遼より

7-5 トムからのメール P.88・89

STEP1-3 の解説

1 **read**：現在形と過去形が同じつづりだが，現在形は[riːd]，過去形は[réd]の発音になる。

2 **leave**：leave *A* for *B* で「*B* に向けて *A* を出発する」という言い方を覚えておくと便利だろう。

3 **this afternoon**：これを午前中に言うと未来のことを表し，夜に言うと過去のことを表す。

4 **spend**：「(時間を)過ごす」の意味だが，「(お金を)使う」の意味にも使うことができる。

6 **arrive at ～**：比較的せまい場所には at，広い場所には in を使う。

7 **fly to ～**：fly は「飛ぶ」がもとの意味。

8 **a few ～**：a few のあとには複数形が続く。

9 **around**：数字の前につく around は about とほぼ同じ意味で「およそ」を表す。

14 **be going to ～**：be は be 動詞のことで，主語に合わせて使い分ける。

15 **p.m.**：時刻を表す数字のあとに置く。日本語式に，数字の前に置くのはまちがい。「午前」は a.m. になる。A.M.，P.M. のように大文字で使うこともある。

• その他 •

● **August 27**：読むときは，August (the) twenty-seventh となる。日付の前に the を入れることもある。また，日付はふつう序数(順序を表す言い方)にする。

● **Can you ～?**：「あなたは～することができますか」という可能性を問う疑問文のほかに，「～してくれませんか」という依頼を表す言い方にもなる。

● **Chicago**：米国イリノイ州北部の大都市。

● **bye**：goodbye を短くして，くだけた言い方にしたもの。

P.89の解答

答 (1) ❶ 私は急いでこの電子メールを送っているところです。

❷ 私たちは今日の午後にふるさとを発って［出発して］，飛行機でハワイに行きます。

❸ 私たちはそこで2，3日〔数日間〕過ごすつもりです。

(2) (a) 8月27日の午後3時ころ。

(b) （羽田でトムたちを）出迎えてほしいということ。

考え方 (1) ❶ in a hurry で「急いで」の意味。
❷ fly to ～で「～へ飛ぶ」→「飛行機で～へ行く」の意味。
❸ be going to ～は「～するつもりだ」，a few ～は「2，3の～」の意味。

•全訳•

やあ，遼。
電子メールありがとう。つい今しがたそれを読みました。私は急いでこの電子メールを送っているところです。
私たちは今日の午後にふるさとを発って，ハワイに飛びます。そこで数日間過ごすつもりです。羽田には8月27日の午後3時ごろに着きます。そこで私たちを出迎えてくれますか。
あなたにすてきなプレゼントがいくつかあります。シカゴで買ったものです。羽田で会いましょう。バイバイ！
トムより

⑦ まとめのテスト P.90・91

1答 (1) 過ごす (2) すばらしい
(3) 招待する (4) 飲む (5) 場所
(6) 夜 (7) すぐに (8) ～の間に
(9) leave (10) write (11) letter
(12) really (13) snow (14) next
(15) winter (16) yesterday

2答 (1) know (2) p.m. (3) bought
(4) said (5) hour

考え方 (1)・(5) 同じ発音の語。
(3)・(4) 原形と過去形。

3答 (1) When did you arrive at Narita?
(2) I have a few friends in Tokyo.

考え方 (1) 「～に着く」は arrive at ～。When で始まる過去の疑問文になる。
➲ 27・36
(2) a few ～で「2，3の～」の意味。

4答 (1) 天気〔空のようす〕

(2) 私たちは明日の朝ハワイに飛んで［飛行機で行って］，旅行の最後の日々を楽しみます。

(3) ❸ (the) third ❹ (the) eighth

(4) (a) 10月8日に日本時間で午前9時に羽田空港で出迎えてほしいと思っている。

(b) He arrived there［in Los Angeles］on October 2［(the) second〔2nd〕］.

(c) They enjoyed the (exciting) baseball［an exciting baseball］game (last night).

考え方 (1) How about ～? で「～はどうですか」の意味。直前の文でロサンゼルスの天気について言っているので「東京はどうですか」=「東京の天気はどうですか」
➲ 25
(2) 「私たちは旅行の最後の日々の（楽しみの）ために明日の朝ハワイに向けて飛びます」が直訳。
(3) どちらも順序を表す言い方にする。日付の前には the をつけることもある。
(4) (a) Please meet me ...の文に注目する。
(b) 拓也のお父さんはいつロサンゼルスに着きましたか」が質問の意味。英文9行目に「ここでは10月3日のちょうど正午です」とあり，2行目の「昨日着いた」とあるので，着いたのは昨日，つまり前日の10月2日になる。
(c) 英文の5～6行目に注目。

•全訳•

やあ，拓也。
万事順調ですか〔みんな元気ですか〕。私は昨日の午後2時にロサンゼルスに着きました。今日は晴れていて，とても暖かいです。東京はどうですか。
昨日の夕方，お母さんと私は野球の試合を見ました。本当にわくわくする試合でした。
私たちは明日の朝ハワイに飛んで，旅行最後の日々を楽しみます。
　ここは今，10月3日のちょうど正午です。日本時間10月8日の午前9時に羽田空港で出迎えてください。ではそのときまた。

父より

遊びに出かけよう

8-1 遊園地で P.92・93

STEP1-3 の解説

1 **begin**：アクセントの位置に注意。start とほぼ同じ意味になる。

2 **Me, too.**：肯定文を受けて「私もそうです」というときに使う。否定文を受けて「私もそうです〔＝そうではありません〕」は Me, either. という。

3 **Here we are.**：どこかに出かけて到着したときに使う表現。

4 **go on 〜**：遊園地などの乗り物に乗る場合はふつう go on 〜を使う。

5 **Just a minute.**：minute は時間の「分」の意味。

6 **begin with 〜**：begin from としないように注意しよう。

8 **teacup**：ここでは遊園地にある「ティーカップ」の意味だが，当然本物の「ティーカップ，紅茶茶わん」の意味でも使われる。

9 **be afraid of 〜**：前置詞に of を使うことに注意しておこう。

10 **come on**：励ましたり激励したりして「さあ，ほら」などの意味合いで用いる。

12 **Ferris wheel**：Ferris は米国人技師の名前。wheel は「車輪，輪」の意味。

13 **prefer**：アクセントの位置に注意しておこう。

14 **roller coaster**：「ジェットコースター」は和製英語で，正しい英語ではない。

15 **No way.**：依頼や質問に対する答えに使う。間投詞的に使って強い拒否・否定を表す。

• その他 •

● **look at 〜**：「〜を見る」の意味。

● **first**：ここでは副詞で「まず，初めに」の意味。

P.93の解答

答 (1) ❶ まず(最初に)あれに乗りましょう。

❷ あなたたちはジェットコースターがこわいのですか。

(2) (a) No, I'm[I am] not.

(b) I like the teacups.

(c) No, I'm[I am] not.

考え方 (1) ❶ go on 〜で「〜（観覧車）に乗る，〜に乗りこむ」の意味。

❷ be afraid of 〜で「〜をこわがる，〜をおそれる」の意味。

(2) 質問の意味は次の通り。

(a) 「あなたはジェットコースターがこわいのですか，大樹？」

(b) 「あなたはジェットコースターとティーカップではどちらのほうが好きですか，遼？」

(c) 「あなたは観覧車がこわいのですか，トム？」

• 全 訳 •

遼：さあ，新しい遊園地に着きましたよ。

あれを見て！ 本当に大きな観覧車だね。まずあれに乗ろうよ。

大樹：ちょっと待って。ぼくはジェットコースターのほうがいいなあ。遊園地ではこれで始めなくちゃ。

トム：とんでもない！ ぼくは観覧車かティーカップに乗りたいな。

遼：ぼくもだよ。

大樹：きみたちはジェットコースターがこわいのかい？

トムと遼：ああ…うん。

大樹：ああ，なんてことだ。

8-2 動物園で P.94・95

STEP1-3 の解説

2 **wrong**：つづりに注意。w は発音しない。

4 **minute**：hour（1時間），minute（1分），second（1秒）はまとめて覚えておこう。

5 **smile**：「ほほえみ」の意味で名詞で使うことも多い。

13 **take a nap**：nap は「昼寝，いねむり」の意味の名詞。

• その他 •

● **Is anything wrong with 〜?**：Something is wrong with 〜. で「〜の具合がどこかおかしい」の意味で，これを疑問文にしたもの。

● **a few 〜**：「いくつかの〜」の意味で，〜の部分には名詞の複数形がくる。

● **..., I think.**：「…だと思う」の意味。思っていることを先に述べて，I think をあとに置けばよい。

P.95の解答

答 (1) ❶ at　❹ to

(2) (a) パンダが動いていないから。

(b) 昼寝〔うたたね〕していること。

(c) でも，どうしてサルたちは私にほほえんでいるのですか。

考え方 (1) ❶ look at ～で「～を見る」。
❹ go to ～で「～へ行く」。
(2) (c) But why are they smiling at me? を省略して言ったもの。

• 全訳 •

遼：パンダを見て！　動かないよ。どこか具合が悪いのかな。

トム：昼寝しているだけだよ。

遼：ああ，いいな。うらやましいよ。サル山へ行こうよ。

(数分後)

遼：サルたちがほほえんでるよ。

トム：そうだね，きみにほほえんでるんだよ。

遼：え，本当？　でもどうして？

トム：サルたちはみんなきみが好きだからだと思うよ。

遼：どうもありがとう，でも…これっていいことなの？

8-3 東京一周バスツアー　P.96・97

STEP1-3 の解説

1 **tall**：「背が高い」の意味のほかに，このように木や建物が「高い」の意味にも使う。

4 **right**：「右(の)」の意味のほかに，形容詞で「正しい」の意味もある。

5 **everything**：主語で使うときは３人称・単数扱いにする。

6 **worry**：Don't worry. で「心配しないで」の意味で，熟語として覚えておいてもいいだろう。

8 **theater**：theatre とつづるのは英国式だが，アメリカでも劇場の名前にあえて theatre としているところもある。

11 **How ～!**：「何と～なのだろう！」と感嘆する言い方。このような文を感嘆文という。～の部分には形容詞や副詞がくる。

15 **atmosphere**：つづりとアクセントの位置に注意。

• その他 •

● **Tokyo Skytree**：東京に2012年にできた電波塔の名前。

P.97の解答

答 (1) ❶ 何て高いのでしょう。

❷ 次の私たちの目的地はどこ〔何〕ですか。

❸ 歌舞伎には長い歴史がありますが，劇場は新しく建てられた現代的なビル〔建物〕です。

(2) (a) 歌舞伎座(を見物したそ)のあと。

(b) 昔のいい〔古きよき〕雰囲気を楽しむことができる。

考え方 (1) ❶ 〈How＋形容詞！〉の形になっていることに注意。➲ 33
❷ Where's ではなく，What's our next destination? とすることに注意。
(2) (a) 歌舞伎(座)の話題のあとの話になる。

• 全訳 •

トム：ほら！　何て高いんだろう！　遼，あれは何だい？

遼：東京スカイツリー…新しいタワーだよ。

トム：なるほど。次のぼくたちの目的地はどこなの？

遼：歌舞伎座に向かっているんだよ。

トム：ああ，歌舞伎ね。古い建物なんでしょう？

遼：歌舞伎は長い歴史があるけれど，(歌舞伎座の)劇場は新しく建てられた現代的なビルだよ。

トム：ああ，東京では何でも新しいんだね。

遼：心配ご無用。そのあとの目的地は浅草だよ。浅草には古い寺がたくさんあって，古きよき雰囲気を楽しむことができるよ。

8-4 スキー場で　P.98・99

STEP1-3 の解説

2 **help ～ with ...**：～には人が，…には手伝うものがくる。

4 **I think so.**：この so の使い方は日本語とかなり似ていると考えてよい。

5 **you know**：表現をやわらげたり，言葉につまったとき，あるいは同意を求めるときなどに使う。

6 **Good luck.**：もとの意味は「幸運(を)」。「がんばって」「幸運を祈ります」の意味でよく使う。

10 **pro**：「プロ」= professional。

• その他 •

● **ski run**：「スキー場」の意味。ski は「スキー」という名詞と，「スキーをする」の意味の動詞としての用法がある。

● **like**：「～のような」の意味の前置詞。

● **a lot**：「大いに」の意味。副詞的に用いたり，動詞の目的語としても用いることができる。

● **You don't snowboard ...?**：ふつうの文の文末を上げて，疑問文とすることがよくある。

P.99の解答

答 (1) ❶ **トム，あなたはプロ〔専門家〕のように話しますね〔あなたはプロのような話し方をしますね〕。**

❹ **私は，来週秋田のスノーボード競技会〔大会〕に参加しようかと考えているところです。**

❺ **トム，私がスキーぐつをきちんと(スキー板に)セットするのを手伝ってください。**

(2) **well**

(3) **トムが日本でスノーボードをするということ。**

考え方 (1) ❶ like は「～のような」の意味。pro はここでは名詞。

❹ think of ～ing で「～しようと考える」, participate in ～で「～に参加する」の意味。

❺ help ～ with ... で「～の…を手伝う」の意味。

(2) 「あなたは上手なスキーヤーですか」→「あなたは上手にスキーをすべることができますか」。

(3) I snowboard in Japan. ということ。I は Tom を指している。

• 全 訳 •

トム：これはすばらしい雪だ！　このパウダースノーは最高だ。

遼：トム，まるでプロのような口ぶりだね。きみはスキーが上手なの？

トム：ああ，そう思っているよ。それに，いいかいぼくはスノーボードもするんだからね。ふるさとでは冬にはよくスノーボードですべったんだ。

遼：すごいね！　日本ではスノーボードをしないの？

トム：するさ。来週秋田のスノーボード大会に出ようかなと考えているところなんだ。

遼：わー，がんばってね，トム。さあ，行こうか！あっ，ちょっと待って，トム，お願いだから手伝って。スキーぐつが(スキー板に)おさまらないんだよ。

8-5 スカイダイビングはどう？ P.100・101

STEP1-3 の解説

1 **high**：反対の意味を表すのは low(低い)。

2 **show**：動詞として「見せる」の意味で使うことも多い。

3 **ago**：「(今から)～前に」の意味で，ふつう過去の文に使う。

5 **never**：not よりも強い否定を表すのに使う。never は一般動詞の前か be 動詞のあとに置く。

7 **not ～ at all**：at all は否定を強調するのに使われる。また，at all を not の直後に置くこともある。= ..., but I'm not at all afraid of high places.

9 **experience**：名詞として「経験，体験」の意味で使われることも多い。

15 **Never mind.**：日本語では「ドンマイ」というが，英語で Don't mind. ということはない。

• その他 •

● **Are you afraid of high places, Ryo?**：「遼，あなたは高い場所がこわいですか」→「遼，あなたは高所恐怖症ですか」とすればわかりやすい。

● **Yes, very much.**：Yes, (I'm) very much (afraid of high places). の（　）内の語句を省略したものと考える。

● **invite ～ to ...**：「～を…に招待する」の意味。

● **go and see ～**：「～を見に行く」。一般に go and ～で「～しに行く」の意味になる。go の代わりに come を使うと「～しに来る」の意味。

● **The parachute doesn't open and we ....**：最後の点の部分は「地面に衝突して(死んで)しまう」ということ。

● **You never know what will happen.**：これから起こること，つまり地面に衝突して死んでしまうので結果はわかりっこないということ。トムが冗談めかして言っているもの。本気で言っているのではない。トムのユーモラスな表現になっている。

P.101の解答

答 (1) afraid of high places(, Tom)

(2) 私はまったく高いところがこわくありません

(3) 実際にパラシュートで飛んで，空から(地面を)見るということ。

(4) ❹ イ　❺ ウ

考え方 (1) トムの Are you afraid of high places, Ryo? を参考にする。

(2) not ～ at all で「少しも〔まったく〕～ない」という否定を強調した言い方。

(3) 「空から地面を見る」状況とはどんな場合かを考える。

(4) ❹ No way. は強い拒否を表す。

❺ All right. は「いいですよ」, That's too bad. は「それはいけませんね」, Don't worry. は「心配しないで」の意味。worry は「心配する」の意味の動詞。

•全訳•

トム：遼，きみは高い場所がこわい？

遼：ええ，とっても。きみは？

トム：いいや。ジェットコースターはこわいけど，高いところはまったくこわくないんだ。

数日前におじがスカイダイビングのショーに誘ってくれたんだ。そのショーでは本物のスカイダイビングが体験できるんだ。空から地面を眺めに行ってみないか。

遼：絶対にいやです！　もしパラシュートが開かないと，ぼくたちは…。

トム：心配ご無用！　何が起こるかをあなたが知ることは絶対にありませんから。

8 まとめのテスト P.102・103

1 答 (1) 場所，所　(2) 体験〔経験〕する

(3) すべてのこと〔もの〕　(4) ほほえむ

(5) 動く　(6) 考える，思う

(7) 心配する　(8) あとで，～後に

(9) real　(10) begin[start]

(11) happen　(12) mountain

(13) wait　(14) new　(15) ground

(16) right

2 答 (1) high　(2) skier　(3) first

(4) got　(5) moving

考え方 (1) 反対の意味を表す形容詞。

(2) 人を表す語にかえる。

(3) 基数と序数。➲ 24

(4) 原形と過去形。➲ 34

(5) e をとって ing。➲ 28

3 答 (1) Please help me with my homework.

(2) What are you afraid of?

考え方 (1) Help me with my homework, please. とした場合は。please の前にコンマ(,)を補う必要がある。

(2) be afraid of ～で「～をこわがる，～をおそれる」の意味。～の部分を What にした疑問文と考えればよい。

4 答 (1) ❶ 健(と妹)の(長野にいる)祖父母。

❷ 木から(リンゴの)実を摘むこと。

(2) イ

(3) (a) They live in a small town in Nagano.

(b) They have about ten (apple trees).

(c) It leaves (the station) at 8:15[eight fifteen].

考え方 (1) ❶ 2～3行目に注目。

❷ 直前の文に注目。

(2) Why not? は「もちろん，喜んで」の意味。No way. は「いやだ」, See you, は「じゃあね」の意味を表す。

(3) (a) 「健の祖父母はどこに住んでいますか」 2～3行目に注目。Where で始まる疑問文。➲ 27

(b) 「彼らの祖父母は何本のリンゴの木を持っていますか」 9～10行目参照。How many の疑問文。➲ 15

(c) 「(彼らが乗る)バスは何時に駅を出ますか」 最後の文に注目。What time の疑問文。➲ 23

•全訳•

トム：この週末はどんな予定ですか。

健：長野の小さな町にいる祖父母にバスで会いにゆく予定です。

トム：会うと喜ぶでしょうね。ひとりでそこへ行くのですか。

健：妹もいっしょに行きます。彼女はおじいさんとおばあさんが好きなんです。

トム：それで，そこで何をするんですか。

健：祖父母には家の近くに10本ほどのリンゴの

木があるんです。今が収穫期で，私たちがお手伝いをするのです。
トム：木からリンゴの実を摘むんですね！　ぼくもしてみたいなあ。参加していい？
健：もちろんだよ。土曜日の朝の7時にぼくの家に来て。そうすれば駅から8時15分のバスに乗れるから。

セクション 9 電話で話そう

9-1 宿題を手伝って！ P.104・105

STEP1-3 の解説

1 **anything**：疑問文では「何か」，否定文では「何も（ない）」の意味になる。

2 **a lot of ～**：～の部分には数えられる名詞も数えられない名詞もくる。

4 **by**：「～までに」という期限を表す。「～まで（ずっと）」と継続を表すのは until [till]。

5 **tomorrow**：「明日に（は）」という副詞で使うことも多い。

6 **have**：「持つ，飼う」などのほかに，「食べる，飲む」の意味もある。前者の意味ではふつう進行形にできないが，後者の意味では進行形にすることができる。

10 **homework**：数えられない名詞なので，複数形にすることはできない。

11 **have to ～**：～の部分には動詞の原形がくる。なお，主語が3人称・単数のときは has to ～となる。

• その他 •

● **Can I speak to Tom, please?**：電話で話したい相手を伝えるときの決まった言い方。Can の代わりに May を使ったり，最後の please を省くこともある。

● **Are you doing anything now?**：この文の doing は，一般動詞 do（する）の～ing 形である。

● **..., so come to ...**：so は「それで，だから」の意味。

P.105の解答

答 (1) ❶ 私にはたくさんの英語の宿題が〔英語の宿題がたくさん〕あります。
❷ 私は明日までにそれを終えなければいけません。
(2) ウ　(3) イ　(4) イ

考え方 (1) ❶ a lot of ～で「たくさんの～」の意味。
❷ have to ～は「～しなければいけない，～しなければならない」，by は「～までに」の意味。
(2) help ～ with ... で「～の…を手伝う」の意味。
(3) 「食べる」の意味を表すもの。
(4) 「(時間が)～たったら」と，時間の経過を表しているもの。アは場所を表して「～に」，ウは言語名の前に用いて手段・方法を表して「～で」の意味を表す。

• 全訳 •

遼：もしもし。トム君をお願いしたいのですが。
トム：ぼくですよ。
遼：遼です。今何かしてるの？
トム：いや。どうしたんだい？
遼：英語の宿題がいっぱいあるんだ。明日までに終えないといけないんだ。宿題を手伝ってください。
トム：わかった，でも今，晩ごはんを食べているところだから，30分したらぼくの家に来て。
遼：ありがとう，トム。きみはいい友だちだよ。

9-2 パーティーの打ち合わせ P.106・107

STEP1-3 の解説

2 **too**：「～もまた」の意味のほかに，形容詞や副詞の前に置いて「あまりに～，～すぎる」の意味を表すことも覚えておこう。

4 **play**：play にはほかに「（スポーツを）する」「遊ぶ」の意味もある。

6 **idea**：アクセントの位置に注意する。

9 **How about ～?**：～の部分には名詞（相当語句）がくる。

10 **plan**：「計画する」という動詞にも使われる。

13 **Is that ～?**：電話の相手に「～さんですか」ときくときに使う。that の代わりに this を使うことも多い。

14 **guitar**：アクセントの位置に注意する。

15 **sing to ～**：この文の to は「～に合わせて」の意味。sing to the music だと「音楽に合わせて歌う」の意味になる。

• その他 •

● **I'm going to ～**：現在進行形が近い未来の予定を表している。

P.107の解答

答 (1) to Tom's[his] birthday party

(2) 健がギターを弾き，遼がそれに合わせて歌うということ。

(3) (a) Yes, he is.　(b) Yes, he can.

考え方 (1) 遼の I'm going to his birthday party. から判断する。

(2) 直前の遼の発言から判断する。

(3) (a) 遼は I'm going to his birthday party. と言っている。

(b) 遼が健に, You play the guitar very well. と言っている。

• 全 訳 •

遼：もしもし。健ですか。

健：そうです。

遼：遼です。明日はトムの誕生日です。彼の誕生日のパーティーにぼくは行くつもりですが，きみはどうですか。

健：ぼくも行くつもりです。パーティーのための計画は何かあるの？

遼：それを考えているところなんだ…。きみはギターがとてもうまいよね。彼にギターを弾いてあげたらどうだい。ぼくはギターに合わせて歌うから。

健：いい考えだね。そうしよう。

9-3 映画に行こう P.108・109

STEP1-3 の解説

2 **old**：「古い」の意味では new(新しい)が反意語になり，「年とった」の意味では young (若い) が反意語になる。

8 **go to (see) a movie**：この意味では go to the movies という言い方もする。ただし，特定の映画を見るときは，go to (see) the movie と単数形にして使う。

12 **in front of ～**：front は「前」の意味。

15 **Why don't we ～?**：自分も含めていっしょに「～しよう, ～しませんか」と言うときに使う。

• その他 •

● **The Third Man**：『第三の男』。Graham Greene の小説で，1949 年に映画化された。

● **want to ～**：「～したい」の意味。～の部分には動詞の原形がくる。

P.109の解答

答 (1) I like movies[them]

(2) ❷ 今度の日曜日に映画を見に行くのはどうですか〔見に行きませんか〕。

❸ 10 時に映画館の前で会いませんか。

(3) (a) Yes, he did.　(b) Yes, he is.

考え方 (1) 主語が I に代わることに注意。

(2) ❷ How about ～ing? で「～してはどうですか，～しませんか」の意味。

❸ in front of ～で「～の前で」の意味。

(3) (a) 「トムは今までに『第三の男』を見たことがありますか」が質問の意味。

(b) 「遼は今度の日曜日にトムと映画を見に行く予定ですか」が質問の意味。

• 全 訳 •

遼：トムですか。遼です。

トム：やあ, 遼。何か変わったことでもあるかい？

遼：トム，きみは映画が好きかい？

トム：ああ，大好きだよ。

遼：今度の日曜日に映画を見に行くのはどうだい？

トム：いいよ，でも何の映画？

遼：「第三の男」は見た？

トム：ああ，古い映画だね。ラストシーンがすばらしいんだよね。1 度見たけど, もう 1 回見たいな。

遼：10 時に映画館の前で会いませんか。

トム：わかった，じゃあ。

9-4 旅行の打ち合わせ P.110・111

STEP1-3 の解説

3 **station**：「駅」だけでなく，police station(警察署)，fire station(消防署)，TV station(テレビ局)のような形でも使う。

10 **have to ～**：～の部分には動詞の原形がくる。

15 **change trains**：この意味では，trains と必ず複数形にして使う。

P.111の解答

答 (1) ❶ 明日の朝私たちは何時に出かける〔出発する〕のですか。

❷ 私たちは午前11時ごろに青森に着き，そこで(列車を)乗り換えます。

(2) (a) 東京駅から(午前)8 時の列車に乗る。

(b) (午前)7 時前に家を出る。　(c) 約 3 時間40分。

考え方 (1) ❶ What time は「何時に」と時刻

をたずねる言い方になる。

❷ get to ～は「～に着く」, change trains は「乗り換える」の意味。

(2) (a) the 8：00 a.m. train from Tokyo Station とある。

(b) leave home before seven とある。

(c) 東京駅から青森まで約３時間。さらに青森から弘前（ひろさき）まで約40分。

• 全 訳 •

トム：もしもし，遼ですか。トムです。明日の朝は何時に出かけるの？

遼：東京駅から午前８時の列車に乗るから，７時前に家を出なければいけません。

トム：その列車は私たちを弘前まで連れてってくれるの？

遼：いや。青森には午前11時ごろに着いて，そこで乗り換えをするんだ。青森から弘前までは40分ほどかかるんだ。

トム：長い旅になるね。

9-5 かぜだいじょうぶ？ P.112・113

STEP1-3 の解説

1 **anything**：疑問文では「何か」，否定文では「何も(ない)」の意味になる。

2 **wrong**：反意語は right(正しい)になる。

4 **cold**：形容詞で「寒い」の意味で使うことも多い。

5 **answer**：名詞で「答え」の意味で使うことも多い。

9 **phone**：telephone を短くしたもの。

11 **That's too bad.**：That's の代わりに It's が使われることもある。

• その他 •

● **have a cold**：「かぜをひいている」は a をつけて, have a cold という。「かぜをひく」は catch (a) cold で，a をつけないこともある。

P.113の解答

答 (1) ❶ 彼はどこか具合が悪いのですか。

❷ 彼は今電話に出ることができません。

❸ それはお気の毒に〔いけませんね〕。

(2) いいえ，今彼〔トム〕に会いに来る〔行く〕ことはできません。

(3) ひどいかぜで，熱があるので。

考え方 (1) ❶ Something is wrong with him. を疑問文にしたもの。

❷ answer the phone で「電話に出る」。

(2) No, (you can) not (come and see him[＝Tom]) now. ということ。

(3) Yes, he has a bad cold. He has a fever. とある。

• 全 訳 •

遼：遼です。トム君はいますか。

ホワイト夫人：はい，でもベッドの中なのよ。

遼：どこか具合が悪いのですか。

ホワイト夫人：そうなの，ひどいかぜをひいているの。熱も出ているわ。今電話に出られないわ。

遼：それはいけませんね。トムの見舞いに行ってもいいですか。

ホワイト夫人：いいえ，今はだめよ。何か伝言しておきますか。

遼：いいえ，ありません。

ホワイト夫人：明日また電話してね。

遼：わかりました。では，さようなら。

9 まとめのテスト P.114・115

1 答 (1) 答える，(電話に)出る (2) 列車，電車 (3) 再び，もう一度 (4) 映画 (5) 考える，思う (6) 誕生日 (7) 終える (8) 宿題 (9) bed (10) cold (11) station (12) plan (13) long (14) last (15) sing (16) party

2 答 (1) a.m. (2) by[bye] (3) saw (4) third (5) living

考え方 (2) 同じ発音をするもの。

(3) 原形と過去形。➡ 34

(4) 基数と序数。➡ 24

(5) e をとって ing。➡ 28

3 答 (1) Did you change trains at Osaka?

(2) Can you see the building in front of the hotel?

考え方 (1) 「乗り換える」は change trains。Did の疑問文になる。➡ 36

(2) 「～の前に」は in front of ～。can の疑問文になる。➡ 32

4 答 (1) イ

(2) ❷ あなた(たち)は今年の〔この〕夏はいつ戻ってくる予定ですか。

❸ できるだけ早く帰ってきて〔帰りなさい〕。

(3) ア ○ イ × ウ ○ エ ×

考え方 (1) wrongの意味をもう一度確認しておこう。

(2) ❷ 現在進行形の疑問文。この文の現在進行形は，近い未来を表す。

❸ 動詞の原形で始まっているので命令文になる。➡ 22

(3) ア 英文1～3行目に注目。

イ 英文9～12行目に注目。

ウ 英文9～11行目に注目。

エ 最後の2行に注目。

• 全訳 •

トム：もしもし？

おばあさん：もしもし，トム。あなたのおばあさんですよ。あなたのお母さんはそこにいるかしら。

トム：こんにちは，おばあさん！　はい，ちょっと待ってね。

ホワイト夫人：もしもし，お母さん。どうかしたの？

おばあさん：いいえ，何も変わりないわ。ちょっとたずねたいことがあるだけよ。今年の夏はいつごろ帰って来るんだい？

ホワイト夫人：7月30日に東京を離れるけど，まず最初に京都と大阪に行くの。そこでちょっと観光をするのよ。日本を出発するのは8月1日になるわ。

おばあさん：わかったわ。できるだけ早く帰ってきてね。みんながいなくてさびしいのよ。

ホワイト夫人：私もさびしいわ。空港には迎えに来ないでね。おうちで待っていてください。

総合テスト ❶ P.116・117

答 (1) ❶ イ　❻ ウ

(2) first

(3) 奈々と同じ中学校に通う中学生

(4) ❹ 観光客〔訪問客〕にとってすてきな(多くの)場所。

❺ 平和はとても重要〔大切〕だということ。

(5) (a) ウ　(b) イ

(6) ウ

(7) How〔What〕 about

考え方 (1) ❶ 「ここにすわって話していいですか」に対する応答。次に「ありがとう」と言っていることに注目。

❻ 「あなたと話して楽しかった」に対する応答。「ぼくも(楽しかった)」が適切。

(2) 「明日はそこでのぼくの最初の日です」 6行目のa new … studentや英文10～11行目などにも注目。➡ 24

(3) 英文6～8行目に注目。

(4) ❹ 英文12～13行目に注目。

❺ 直前の文に注目。

(5) (a) 「マイクと奈々はどこで話していますか」が質問の意味。「すわっていいか」「駅で待っている」「さあ着きました」などの語句を手がかりにする。

(b) 「奈々はいつ家族と平和記念公園を訪れますか」が質問の意味。15行目に注目。

(6) 2人の最初のやりとりから考えて，ウが適切だとわかる。

(7) 「今度の日曜日の計画について話し合いましょう。どこに行きたい？」―「平和記念公園はどう？　昨日それについて話したよ」　「～はどうですか」はHow〔What〕 about ～?

• 全訳 •

マイク：すみません。ここにすわってお話ししてもいいですか。

奈々：いいですよ。

マイク：わあ，ありがとう。ぼくはマイクです。

奈々：私は奈々です。広島へ行くところですか。

マイク：はい。ぼくはみどり中学校の新しい交換留学生なんです。明日がそこでの初めての日なんです。

奈々：本当に？　信じられないわ，私は同じ学校へ行っているのよ。どこに住む予定なの？

マイク：まだわからないんだ。ホームステイ先の家族が駅で待ってて，ぼくを家まで連れて行ってくれるんだ。

奈々：なるほど。広島は美しい都市で，観光客のためのすてきな場所もたくさんあるのよ。だから多くの人が広島で楽しく過ごすわ。

マイク：平和記念公園はそういう中の1つなんですね。

奈々：その通りよ。私は毎年夏に家族とそこを訪れるの。平和はとても重要よ。私たちはいつもそれを忘れないようにしないとね。

マイク：その意見に賛成です。平和はとても重要ですね。

奈々：さあ，着いたわよ！　あなたと話せて楽しかったわ。

マイク：ぼくもだよ。いつか街を案内してくれますか？

奈々：もちろんよ。それについては明日，学校でもっと話し合いましょう。

マイク：わかった。じゃあまた明日。

総合テスト ② P.118・119

答 (1) three hundred (and) fifty

(2) エ　(3) eight forty-five

(4) classes　(5) afternoon　(6) lunch

(7) ウ

(8) looking forward to visiting your school

(9) (a) Yes, she is.　(b) Yes, she is.

考え方 (1) and は省略してもよい。

(2)「始まる」の意味の語。

(3) 順に数字を読む。➡ *23*

(4) s や ss で終わる語は es をつけて複数形を作る。➡ *15*

(5)「午後」の意味の語。

(6)「昼食」の意味の語。

(7)「去る」の意味の語。

(8) look forward to ～で「～を楽しみに待つ」の意味。

(9) (a) I belong to Ms. Yamada's class. とある。

(b) I'm really interested in English. とある。

・全 訳・

フレッド：順子，あなたの学校について話してください。

順子：はい。ええと，私たちの学校には約 350 人の生徒がいます。最初の授業は 8 時 45 分に始まります。たいていは午前中に 4 時間，午後に 2 時間の授業があります。昼食は 12 時 35 分から 1 時 15 分までにとります。

フレッド：あなたのいちばん好きな教科は何ですか。

順子：英語です。英語には本当に興味があります。

フレッド：すばらしいですね！　あなたは今第 7 学年〔中学 1 年〕ですよね。

順子：はい。山田先生のクラスです。彼女は音楽を教えています。

フレッド：放課後はいつもあなたや友だちは何をするのですか。

順子：ほとんどがクラブ活動をします。野球，テニス，それにブラスバンドがとても人気があります。でも私たちは 5 時までには学校を出なければいけません。

フレッド：わかりました。あなたの学校を訪れるのを楽しみにしています。

総合テスト ③ P.120・121

答 (1) (a) ア　(b) ウ　(c) ウ

(2) (a) イ　(b) エ

考え方 (1) (a)「いつどこで奈美とケリーは話していますか」。英文 2 行目と 14 行目を参照。

(b)「奈美の学校には先生がたくさんいますか」。英文 3 ～ 4 行目を参照。

(c)「ニューヨークのケリーの学校の生活について正しいものはどれですか」。英文 12 ～ 13 行目を参照。

(2) (a)「今日の奈美の学校の予定はどれですか」。英文 14 ～ 17 行目を参照。

(b)「奈美の学校の修学旅行はいつでどのようにして行きますか」。今が 4 月で，... plane ... や stay there for three days とあることから判断する。

・全 訳・

ケリー：名古屋の 4 月はとても暖かいですね。今のニューヨークはこんなに暖かくありません。

奈美：本当に？　ケリー，着いたわよ。ここが職員室よ。

ケリー：あら，大きな部屋ね。先生がたはたくさんいるの？

奈美：そうよ。この部屋で 40 人ほどいるわ。みんなとても親切なのよ。

ケリー：それはいいわね。あなたの英語の教室はどこにあるの？

奈美：英語の教室？　どういうこと？

ケリー：「どこで英語を勉強するの？」っていうことよ。

奈美：英語やほかの教科もたいていは自分たちの教室で勉強するわよ。

ケリー：あらそうなの？

奈美：そうよ。ケリーは？
ケリー：英語の教室に行ってそこで英語を勉強するのよ。それぞれの教科は別の教室で勉強するの。
奈美：おもしろいわ。あら，１時間目の授業が10分で始まるわ。ケリー，いつもは毎日６時間授業があるのだけれど，今日は５時間なの。３時限目のあとに昼食よ。そのあと放課後に修学旅行についての打ち合わせがあるの。
ケリー：わかったわ。修学旅行はいつどこに行く予定なのかしら？
奈美：来月飛行機で北海道へ行くのよ。３日間の滞在よ。
ケリー：わあ，すごい！　アメリカにはそんな種類の旅行はないわ。私も参加できるかしら？
奈美：できると思うわ。北海道はとても寒いから，そこではセーターを着なきゃね。

総合テスト ④ P.122・123

答 (1) (a) No, he didn't[did not].
(b) No, she didn't[did not].
(c) Yes, she does.
(d) No, she doesn't[does not].
(2) (a) 音楽を聞いていた。
(b) サッカーをしている。
(c) 3時間。　(d) バスで行く。　(3) ウ

考え方 (1) (a) 英文5～6行目参照。
(b) 英文7行目参照。
(c) 英文8～9行目参照。
(d) 英文17行目参照。
(2) (a) 英文4行目を参照。
(b) 英文10～11行目を参照。
(c) 2時に始めて5時までとある。
(d) 英文の最後から4行目を参照。
(3) 英文15～16行目を参照。

•全訳•

太郎：もしもし，太郎です。
ナンシー：もしもし，太郎。ナンシーです。今ひまかしら。
太郎：うん。ちょっと音楽を聞いているところ。
ナンシー：宿題は終わったの？
太郎：うん，今朝したよ。
ナンシー：あら，本当？　私は昨夜やってみたんだけど，終えられなかったの。
太郎：ぼくの助けが必要？
ナンシー：そうなの。とても親切ね！
太郎：和夫も昨夜ぼくの助けを求めてきたよ。彼は今学校でサッカーをしているんだ。市立図書館で会って，2時に宿題を始めるんだ。仲間に入る？
ナンシー：すごい！　でも，図書館のどこで勉強できるの？　図書館にはそんな用途のための部屋があるの？
太郎：そう。小さな部屋があるんだ。和夫とは図書館の前で会って，５時までその部屋で勉強しようよ。
ナンシー：いいわ。でも，その図書館はどこにあるの？　どうやって行けばいいの？　電車で？
太郎：いや。バスだよ。いっしょに行けるよ。１時半に東公園のバス停に来られる？
ナンシー：わかった。じゃあそこで。
太郎：うん。それじゃあ！

2401R6